Xenophon – Arrian

Kynegetikus

Von der Jagd

AF215757

Xenophon – Arrian

Kynegetikus

Von der Jagd

Impressum:
© 2019 Karl O. Weiß (Hrsg. u. Bearb.)
Neubearbeitung auf Grundlage der Übersetzungen von Christian Heinrich
Dörner, Stuttgart, 1871 und T. W. Lenz, Leipzig, 1828.
Herstellung und Verlag: BoD – Books on Demand, Norderstedt.
ISBN: 978-3-74818-324-2

Xenophon

Kynegetikus – Von der Jagd

Inhalt.

und wie er die Netze richten soll. – Wie er sich nach gestelltem Netze zu verhalten hat. – Wie der Jäger ausgerüstet auf die Jagd gehen und sich im Einzelnen dabei verhalten, namentlich die Hunde verwenden soll. – Benehmen der Hunde beim Spüren und in der Nähe des Hasen. – besonders aber beim Verfolgen des aufgestoßenen, und wie der Jäger dabei teils dem Gehilfen zurufen, teils die Hunde hetzen, zurechtweisen und auf die richtige Spur leiten, sowie auf ihre Zeichen merken soll. – Schluß der Jagd und rechte Zeit zum Abbrechen derselben.

7. Kapitel. Von Hunden, ihrer Begattungszeit und Behandlung während derselben. – Aufzucht der jungen Hunde und erste Nahrung derselben. – Namen, die man ihnen geben soll. – Zeit, fiel auf die Jagd zu führen; erste Angewöhnung. – Wo und von wem sie gefüttert werden sollen.

8. Kapitel. Hasenjagd im Winter und bei Schnee.

9. Kapitel. Jagd auf Rotwild, namentlich auf Hirschkälber und - Kühe. – Fang derselben durch die Hunde. – oder in Fallen, die näher beschrieben werden. – Verfolgung des in die Falle geratenen Hirsches und Vorsicht dabei. – Im Sommer auch Hetzjagd auf die Hirsche.

10. Kapitel. Jagd auf Schwarzwild. Die dazu nötigen Hunde und Jagdgewehre. – Anweisung zu deren Gebrauch nebst den nötigen Vorsichtsmaßregeln, besonders bei Handhabung der Schweinsfeder, beim Keiler sowohl als bei der Bache. – Fang der Sau im Garn, auf der Hatz und in der Falle. – Schwierigkeit des Fangs der Frischlinge.

11. Kapitel. Jagd auf Löwen, Leoparden, Luchse, Panther, Bären u. dergl. teils mittels Gift, teils mittels Fanggruben.

12. Kapitel. Nutzen der Jagd für Gesundheit und Schärfung der Sinneskräfte, besonders aber als Vorschule des Krieges. – Deshalb von alters her gesetzliche Begünstigung des Jagdwesens als Bildungsmittel für alles Schöne und Gute. – Abweisung des Einwurfs, über der Jagd werde das Hauswesen vernachlässigt: im Gegenteil, die Jagd bildet die besten Haushalter, wie die tüchtigsten Bürger, schon als Verwahrungsmittel vor Verweichlichung und schaler Vergnügungssucht. – Daher auch der Ruhm der

eingangs genannten Schüler des Cheiron als Helden in jeglicher Tugend, die, wenn sie sichtbare Gestalt annehmen könnte, der Jünger weit mehrere gewinnen würde.

13. Kapitel. Ausfall gegen die Sophisten, welche die Jugend, statt zu bilden, nur verderben und zu eitler Oberflächlichkeit verführen durch ihre Lehren wie durch ihre Schriften voll schöner Redensarten, aber aller richtigen Gedanken bar. – Xenophon bekümmert sich nichts um ihren Tadel seiner Schreibweise; ihm ist es nicht um das Wie, sondern um das Was dabei zu tun: daher Warnung vor den Sophisten und dagegen Empfehlung der Philosophen. – aber auch Warnung vor den Parteihäuptern im Staat, deren wüstem, verderblichem Treiben die Bestrebungen des Jägers entgegengestellt werden zu nochmaligem Beweise, daß die Jagd die beste Schule der Frömmigkeit und jeder häuslichen und bürgerlichen Tugend sei, und zwar selbst auch bei Frauen.

1. Kapitel.

Die Göttern Apollo[1] und Artemis erfanden die Jagd und des Weidwerks mit Hunden; beschenkt und beehrt aber haben sie damit den Cheiron[2] um seiner

---

[1] Apollo, über dessen vielverzweigten und auf die Entwicklung der ganzen griechischen Bildung so einflußreichen Kult, ist als Sohn Jupiters und der Leto im Mythus mit seiner Schwester Artemis (Diana), der bekannten Jagdgöttin, zu genau verbunden, als daß er, bei Homer hauptsächlich der Gott mit Bogen und Pfeil, mit welchen er schon am vierten Tage nach seiner Geburt den Drachen Python erlegte, nicht auch als Gott der Jäger verehrt worden sein sollte, und daher auch den Beinamen Agräus oder Agrius, d. h. der Jäger, führt.

[2] Cheiron, auch von Homer der gerechteste aller Zentauren genannt, ein Sohn des Kronos (Saturn) und der Najade Philyra, Tochter des Oceanus, und weil der von der Rhea überraschte Vater sich in ein Roß verwandelte, halb einem Roß, halb einem Gott gleich, kundig der Jagd, der Heilkunde, der Musik, der Gymnastik und der Weissagung, und daher Lehrer und Erzieher der Heldenknaben, die zu ihm auf den an heilkräftigen Kräutern reichen Pelion in Thessalien, einem ursprünglichen Wohnsitz, gebracht wurden. Später, mit den Zentauren durch die Lapithen vertrieben, wohnhaft bei Malea, wohin sich die mit Herkules auf einem Zug gegen den Erymanthischen Eber in Kampf geratenen Zentauren zu ihm flüchteten, wird er unversehens von einem der mit dem Blut der Lernäischen Schlange vergifteten Pfeil des ihm sonst befreundeten Herkules verwundet, und da die schmerzhafte Wunde seinen Heilmitteln widerstand, so erbittet er sich, seine

Gerechtigkeit willen. Dieser nahm das Geschenk mit Freuden an und machte Gebrauch davon; und seine Schüler in der Jagd sowohl als in anderen edlen Künsten wurden Kephalos, Asklepios, Melanion, Nestor, Amphiaraos, Peleus, Telamon, Meleagros, Theseus, Hippolytos, Palamedes, Odysseus, Menestheus, Diomedes, Kastor, Polydeukes, Machaon, Podaleirios, Antilochos, Aeneas und Achilles, deren jeder zu seiner Zeit von den Göttern geehrt wurde. Es möge sich aber niemand darüber wundern, daß die meisten von ihnen, obgleich Lieblinge der Götter, dennoch sterben mußten, – denn das ist der Lauf der Natur; dafür war ihr Nachruhm um so größer, – noch darüber, daß nicht auch ihr Zeitalter das gleiche war: denn Cheirons Leben reichte für alle aus. Jupiter und Cheiron waren ja Brüder von väterlicher Seite, während der eine die Rhea[3] zur Mutter hatte, der andere eine Najade[4], so daß er zwar früher als jene (alle) geboren war, aber doch spät genug starb, um noch den Achilles erziehen zu können. Da sie sich aber wegen ihrer Beschäftigung mit den Hunden und mit dem Weidwerk und wegen ihrer sonstigen Bildung sehr durch Vorzüge auszeich-

---

Unsterblichkeit dem Prometheus überlassend, den Tod und wird von Jupiter als Schütze unter die Gestirne versetzt.

[3] Rhea, als Tochter des Uranus und der Gäa (Caelum und Tellus, Himmel und Erde), Gemahlin ihres Bruders Kronos (Saturn), und von diesem Mutter des Zeus (Jupiter), Poseidon (Neptun), Hades (Pluto) und der Here (Juno), Demeter (Ceres) und Hestia (Vesta).

[4] Das ist eben die oben genannte Oceanide Philyra.

neten, wurden sie bewundert. Kephalos[5] wurde sogar von einer Göttin entführt. Asklepios[6] wurde noch Größeres zuteil, nämlich Tote zu erwecken, und Kranke zu heilen; und deshalb hat er, „einem Gotte gleich", unvergänglichen Ruhm unter den Menschen. Melanion[7] ragte so sehr durch Tätigkeit hervor, daß er, obgleich er dabei die Besten der damaligen Zeit zu Nebenbuhlern hatte, allein so glücklich war, die in jener Zeit begehrteste Braut davonzutragen, die Atalante.[8] Nestors[9] Tugend lebt längst im Munde aller

---

[5] Kephalos, Sohn des Hermes (Merkur) und der Herse.

[6] Asklepios (Aesculapius), bekannt als Gott der Heilkunde und Schutzpatron der Ärzte, nach der gewöhnlichen Sage Sohn des Apollo und der Koronis, Tochter des Lapithen Phlegyas, der vom Vater aus Eifersucht getöteten Mutter durch Apollo noch im Augenblick, als ihr Leichnam schon verbrannt werden sollte, aus dem Schoß entnommen und zu Cheiron gebracht, der ihn in der Heilkunde und Jagd unterweist.

[7] Melanion, Sohn des Amphidamas und Bruder der Antimache, einer der Kalydonischen Jäger und Gemahl der Atalante.

[8] Atalante, Tochter des Jasus und der Klymene, vom Vater, der einen Sohn gewünscht hatte, gleich nach der Geburt ausgesetzt, aber von einer Bärin gesäugt, bis Jäger sie fanden, ward selbst eine gewaltige Jägerin, brachte dem Kalydonischen Eber die erste Wunde bei, und nahm auch Teil am Argonautenzug. Vom Vater wieder anerkannt und zum Heiraten aufgefordert, vom delphischen Orakel aber davor gewarnt, bot sie den Freiern einen Wettlauf an mit Tod für den von ihr Besiegten und ihrer Hand für den Sieger. Nachdem schon viele den Tod gefunden, fegte endlich Melanion aber weniger durch seine Rüstigkeit, als durch Hilfe goldener Äpfel, die, ein Geschenk der Venus, die Jungfrau sich nicht enthalten konnte aufzuheben, als er sie auf der Rennbahn hatte fallen lassen.

Griechen, so daß ich ihnen nur Bekanntes sagen würde. Amphiaraos[10] aber erwarb sich, als er mit gen Theben zog, gar hohen Ruhm und erlangte von den Göttern die Ehre der Unsterblichkeit. Peleus[11] machte

---

[9] Nestor, Neleus Sohn, König von Pylos in Messenien (jetzt Alt-Navarin), weltberühmt durch Homer, der ihn mit entschiedener Vorliebe behandelt als Teilnehmer am Trojanischen Krieg, in welchem er als vielerfahrener und redefertiger Greis, der drei Menschenalter gesehen hat, hauptsächlich durch einen Rat eine hervorragende Rolle spielt: hier zumeist genannt wegen seiner Jugendtaten, namentlich seiner Teilnahme an der Kalydonischen Jagd und am Argonautenzug.

[10] Amphiaraos, Sohn des Oikles und der Hypermnestra, aus dem Geschlecht des Sehers Mixelampus und selbst Seher, gleichfalls wie Argonaute, so Kalydonischer Jäger, der den Eber ins Auge schoß; später am Zug der Sieben gegen Theben, dessen unglücklichen Ausgang er vorausverkündete, nur auf das Zureden seiner, durch das Halsband der Harmonia bestochenen Gattin Euryphile teilnehmend, und hier trotz aller Tapferkeit zuletzt zur Flucht genötigt, auf der ihn der sich öffnende Boden mit Roß und Wagen verschlang. Jupiter verlieh ihm Unsterblichkeit, und vielfach wurde er göttlich verehrt in Tempeln, in welchen er durch Träume hochberühmte Orakel erteilte.

[11] Peleus, Sohn des Aeakus und der Eudeis, König der Myrmidonen in Phthia in Thessalien, tötete auf der Kalydonischen Jagd aus Versehen seinen Onkel und Schwager Eurytion mit dem Wurfspeer, und floh daher nach Jolkos zu Adrastus, der ihn von der Blutschuld reinigte. Von diesem später bei der Jagd auf dem Pelion wehrlos verlassen und von den Zentauren angegriffen, aber durch Cheiron gerettet, erhielt er hier von Jupiter und Juno die Nereide Thetis trotz ihres Widerstrebens zur Gemahlin. Die Hochzeit verherrlichten sämtliche Götter durch ihre Gegenwart, und sangen ihm, wie Isokrates sagt, das Brautlied, und machten ihm reiche Geschenke, z. B. Neptun mit den unsterblichen Rossen

sogar die Götter geneigt, ihm nicht nur die Thetis zum Weibe zu geben, sondern auch zu einer Hochzeit bei Cheiron das Brautlied zu singen. Telamon[12] ferner ward so groß, daß er aus der größten Stadt die Frau seiner eigenen Wahl, Periböa[13], die Tochter des Alkathos, zum Weibe bekam; und als der Erste der Griechen, Herkules, Jupiters Sohn, nach der Einnahme von Troja die Siegespreise verteilte, gab er ihm die Hesione.[14] Welche Ehren Meleagros[15] empfing, ist

---

Balius und Xanthus. Thetis gebar ihm den Achilles, welchen er überlebte.

[12] Telamon, König von Salamis, Bruder des Peleus, Vater des Telamonier Ajax, auch einer der Helden der Kalydonischen Jagd und der Argonautenfahrt, sowie des Herkuleszuges gegen die Amazonen und gegen Laomedon zu Troja, wo er zuerst eindrang und dafür Hesione von Herkules zum Geschenk erhielt.

[13] Periböa, Tochter des Pelopiden Alkathous, der sich durch die Erlegung des Löwen auf dem Kithäron die Hand der Tochter des Königs Megareus, die Euächme, und mit ihr die Nachfolge im Reich Megara erwarb, und deshalb hier, wie es scheint, als zur größten Stadt gehörig, d. h. als Athener angesehen wird, wie auch Pausanias die Megareer als solche betrachtet. Mit Telamon wurde sie Mutter des Ajax.

[14] Hesione, Tochter des Laomedon, Königs von Troja, durch den auf der Heimkehr vom Amazonenkrieg bei Troja landenden Herkules von dem menschenfressenden Seeungeheuer, welches Neptun für die an ihm und Apollo begangene Wortbrüchigkeit des Laomedon ins Land gesendet hatte, gerettet gegen das Versprechen des Vaters, ihm dafür die einst von Jupiter für den geraubten Ganymedes dem Tros geschenkten Rosse zu überlassen. Da aber Laomedon sein Wort nicht hielt, kam Herkules mit sechs Schiffen zurück, eroberte Troja und tötete den Laomedon mit allen seinen Söhnen, den Podarkes ausgenommen, welchen die

bekannt: da aber sein Vater im Alter die Göttin vergaß, so wurde er ohne eigene Schuld unglücklich. Theseus[16] besiegte ganz allein die Feinde Griechenlands,

---

dem Telamon geschenkte Hesione mit ihrem Schleier loskaufte, so daß er, fortan Priamus, d. h. der Losgekaufte genannt, das väterliche Reich übernehmen durfte.

[15] Meleagros, der Hauptheld der Kalydonischen Jagd und als Speerschütze berühmt, unter den Argonauten der, welcher den König Aeetes erschlagen haben soll, Sohn des Königs von Kalydon in Aetolien, Oeneus und der Althäa. Einst hatte Oeneus versäumt, der Diana zu opfern. Dafür sandte die erzürnte Göttin einen gewaltigen Eber, der die Kalydonischen Fluren verheerte. Meleagros versammelte die berühmtesten Helden Griechenlands zur Jagd, und war so glücklich, den von Atalante zuerst auf dem Rücken, von Amphiaraos im Auge verwundeten Eber durch einen Schuß in die Weiche zu erlegen. Sein Unglück war zumeist die eigene Mutter. Über Kopf und Haut erregte Diana Streit zwischen den Aetoliern und den Kureten. Die ersteren siegten, so lange Meleagros mitkämpfte; als er aber im Kampf einen oder mehrere Brüder seiner Mutter erschlagen und diese ihn dafür verflucht hatte, zog er sich zürnend zurück, so daß die nun siegreichen Kureten Kalydon hart bedrängten, bis er endlich den Bitten seines Weibes Kleopatra nachgab und die Kureten vertrieb, aber aus dem Kampf nicht wiederkehrte.

[16] Theseus, Sohn des Aegeus, Königs von Athen, der ihn zu Trözene mit Aethra, der Tochter des Königs Pittheus, erzeugte, gleichfalls Kalydonischer Jäger und Argonaute, auch Zögling des Cheiron. Als der Sechzehnjährige ging, den Vater zu Athen aufzusuchen, bestand er auf dem gefährlichen Landweg manche Abenteuer. Der Reihe nach fielen von seiner Hand der Räuber Periphetes, der Fichtenbeuger Sinnis, das wilde Schwein Phäa, der Wegelagerer Skiron und der als Prokrustes (Ausrecker) bekannte Räuber Damastes, sowie der arkadische Ringkämpfer Kerkyon. In Athen vom Vater an seinem Schwert freudig erkannt, fing er

und da er sein Vaterland weit vergrößerte, wird er noch jetzt bewundert. Hippolytos[17] ward nicht nur von Artemis geehrt und durch den Ruf gefeiert, sondern wurde auch bei seinem Ende wegen seiner Mäßigkeit und Frömmigkeit selig gepriesen. Palamedes[18] über-

---

sofort den die marathonische Flur unsicher machenden Stier und opferte ihn auf der Burg. Den als Menschenzoll jährlich nach Kreta zu sendenden sieben Knaben und Mädchen schloß er freiwillig sich an und befreite Athen durch Erlegung des Minotaurus auf immer von dem schmählichen Tribut. Sein Zug gegen die Amazonen und der Raub der Antiope führte das kriegerische Weibervolk verheerend nach Griechenland und bis nach Athen: er aber trieb sie wieder nach Asien zurück. Gegen die Söhne seines Onkels Pallas behauptete er das väterliche Reich, vereinigte das Gebiet von Attika in einen Staat, nach der neuen Hauptstadt Athenä genannt. In Athen wurde er dafür als Heros verehrt in einem besonders heiligen Tempel, und sein Andenken in den Theseen nicht bloß bei Gelegenheit der Pyanepsien, sondern, wie es scheint, am achten Tag jeden Monats gefeiert.

[17] Hippolytus, Sohn des Theseus und der Antiope, bekannt aus der Geschichte seiner Stiefmutter Phädra: ein gewaltiger Jäger und als solcher Liebling der Diana, zu der ihn Euripides sagen läßt: „Umgang pfleg' ich mit dir und wechsle Gespräche, zwar nicht schauend dein Aug', aber hörend deinen Laut."

[18] Palamedes, Sohn des Nauplius, Königs von Euböa, und der Klymene, ein von Tragikern und Sophisten auch wegen seiner Weisheit vielgepriesener Held des nachhomerischen Sagenkreises, namentlich als Erfinder der Leuchttürme, Maß, Waage, Brettspiel, Würfel, Wurfscheibe und Buchstaben. Den Odysseus nötigte er durch schlaue Enthüllung eines verstellten Wahnsinns zur Teilnahme am Trojanischen Krieg; lud aber dessen Haß so sehr auf sich, daß er ihn, im Bunde mit dem auf seinen Ruhm eifersüchtigen Diomedes und sogar Agamemnon, durch einen untergeschobenen Brief der Bestechung von Priamus anklagte und durch

traf, so lang er lebte, seine Zeitgenossen bei weitem an Weisheit, und nach seiner Ermordung gewährten ihm die Götter eine so vorzügliche Rache, wie keinem anderen Menschen. Sein Ende fand er übrigens nicht durch die, von welchen manche es glauben: denn sonst würde nicht der eine fast der Beste, der andere den Guten gleich gewesen sein: es waren Schurken, welche die Tat verübten. Menestheus[19] übertraf andere infolge der auf der Jagd empfangenen Anregung durch Tätigkeit so sehr, daß die ersten unter den Griechen bekannten, daß sie ihm an Kriegstüchtigkeit nachständen, mit Ausnahme Nestors; und auch von diesem wird nicht gesagt, er habe ihn übertreffen wollen; sondern daß er mit ihm gewetteifert habe. Odysseus[20]

---

das Heer steinigen ließ. Der Vater, der vor Troja selbst vergebens Genugtuung verlangte, nahm blutige Rache. Er verbreitete durch seine Söhne in der Heimat falsche Nachrichten, bald von der Untreue, bald von Tode der Helden vor Troja, so daß Odysseus Mutter, Antiklea, sich erhängte, und seine Gemahlin Penelope sich ins Meer stürzte, woraus sie übrigens wieder gerettet wurde — Xenophon selbst nennt den Odysseus allein und ausdrücklich als Mörder des Palamedes. Wenn er ihn samt den anderen hier vom Verdacht freispricht, so ist das entweder das besonnenere Urteil des Alters, oder läßt er in den früheren Stellen seinen Sokrates absichtlich die Vergleichung mit Palamedes nach der herrschenden Sage benützen. Zu verwundern ist, daß dieser scheinbare Widerspruch nicht auch als Beweis für einen anderen Verfasser unseres Büchleins hervorgehoben worden ist!

[19] Menestheus, Sohn des Peteos, Athener und Führer der Athener vor Troja, wo er gefallen sein soll.

[20] Odysseus, Sohn des Laärtes und der Antiklea, Vater des Telemach, König von Ithaka (jetzt Theaki, oder Cefalonia piccola),

und Diomedes[21] glänzten in jedem einzelnen Fall, und waren im allgemeinen Ursache, daß Troja eingenommen wurde. Kastor und Polydeukes[22] sind durch den

---

einer der bekanntesten von den Helden vor Troja, von Homer besonders verherrlicht in der Odyssee, und überhaupt dargestellt als listen- und erfindungsreich, an Weisheit den Göttern vergleichbar, mutig und tapfer im Streit, wie nur einer. In Lumpen gehüllt kundschaftet er Troja aus und im hölzernen Roß spielt er die Hauptrolle. Auch am Raub des Palladiums beteiligt ihn die spätere Sage.

[21] Diomedes, Sohn des Tydeus und der Deipyle, nach dem Tode des Adrastus König von Argos, besonderer Günstling der Minerva (Athene): schon als Knabe mit dem Vater am Zug gegen Theben beteiligt; vor Troja der Tapferste nach Achilles; mit Odysseus vielfach zusammen genannt nicht bloß in der späteren Sage, wie beim Mord des Palamedes, beim Raub des Palladiums und im Bauch des Rosses, sondern auch von Homer bei der Auskundschaftung des trojanischen Lagers, bei dem Überfall der Thrakier und der Entführung der Rosse des Rhesus, so wie namentlich im Kampf gegen den Angriff der Trojaner auf das griechische Lager.

[22] Kastor und Pollux (Polydeukes), die Dioskuren, d. h. Jupitersöhne, bei Homer Zwillingssöhne des lakedämonischen Königs Tyndareus und der Leda, jener der Rossebändiger, dieser des Faustkampfes Held, Brüder der Helena und Klytemnestra: in der Il. III, 243 bereits gestorben, doch schon Od. XI, 302 von Jupiter der Ehre gewürdigt, abwechselnd einen Tag um den anderen zu leben und wieder zu sterben: offenbar Keim der später immer weiter sich ausbildenden Sage, welche sie zu Söhnen des der Leda als Schwan beiwohnenden Jupiters macht, oder gar mit Helena zugleich als Drillinge aus einem Ei geboren werden läßt. Gefeiert wie als Teilnehmer am Argonautenzug und an der Kalydonischen Jagd, so namentlich als Kriegshorte, Vorsteher der Kampfspiele, Schirmer der Schiffahrt und Beschützer der Gastfreundschaft,

Ruhm dessen, was sie in Griechenland als Zöglinge Cheirons ausführten, unsterblich. Machaon und Podaleirios[23], beide in derselben Schule gebildet, wurden in Kunst, Rede und Kampf tüchtige Männer. Antilochos[24] starb für den Vater sich opfernd, und erlangte dadurch so großen Ruhm, daß nur er allein von den Griechen Philopator (d. h. Vaterliebender) genannt wurde. Aeneas[25] rettete nicht bloß die väterlichen und mütterlichen Götter, sondern auch den eigenen Vater, und trug so den Ruf der Frömmigkeit davon, daß auch die Feinde, welche sie in Troja besiegt hatten, nur ihm

---

wurden sie in ganz Griechenland, zumal in den Dorischen Staaten, besonders in Sparta verehrt.

[23] Machaon und Podaleirios, Söhne des Asklepios, bei Homer beides heilkundige Männer, die Ärzte des Heeres vor Troja, dem sie in 30 Schiffen die Heerschar ihres Volkes von Trikka, Ithome und Oechalia zuführten, beide selbst auch wackere Helden im Kampf.

[24] Antilochos, Sohn des Nestor und der Eurydice, mit vor Troja, einer der jüngsten, aber zugleich tapfersten Helden, Liebling des Achilles, getötet von Memnon, als er seinem von Paris hart bedrängten Vater zu Hilfe eilte.

[25] Aeneas, der bekannte Sohn des Anchises, Herrschers von Dardanien am Ida, und der Venus (Aphrodite), bei Homer einer der tapfersten Helden auf Seiten der Trojaner, so weise, als fromm und von den Göttern geliebt; nach der späteren, zumal von Virgil weiter ausgesponnenen Sage aus Troja, als er an dessen Verteidigung verzweifelte, flüchtig mit dem greisen Vater und den Heiligtümern auf dem Rücken, Weib und Kind an der Hand, und für diese fromme Tat von den Griechen mit freiem Abzug belohnt: was freilich nach anderen bei ihm, wie zugleich bei Antenor, nur der Lohn des Verrats der Stadt an die Griechen, oder auch des Rats zum Frieden gewesen sein soll.

zusicherten, nicht geplündert zu werden. Achilles[26], in dieser Schule aufgewachsen, hat so schöne und große Erinnerungen hinterlassen, daß kein Mensch müde wird, von ihm zu reden oder reden zu hören.

Diese sind, auch heute noch von den Guten verehrt, von den Schlechten beneidet, durch die in der Schule des Cheiron empfangene Anregung die Männer geworden, welche in Griechenland, wenn eine Stadt oder ein Fürst sich in mißlicher Lage befand, als Helfer erschienen, und als das gesamte Griechenland mit sämtlichen Barbaren in Zwist und Krieg geriet, den Griechen den Sieg verschafften, und so Griechenland unüberwindlich machten. Ich ermahne deshalb die Jungen, die Jagd und die sonstigen Bildungsmittel nicht zu vernachlässigen: denn dadurch werden sie tüchtig für den Krieg und für alles andere, was mit Notwendigkeit dahin führt, edel zu denken, zu reden und zu handeln.

2. Kapitel.

Vor allem müssen die jungen Leute gleich mit dem Austritt aus dem Knabenalter mit der Erlernung der Jagd beginnen, und dann auch zu den anderen Bildungsmitteln fortschreiten. Diejenigen, welche Vermögen besitzen, nach der Höhe ihres Vermögens,

---

[26] Achilles, Sohn des Peleus und der Nereide Thetis, in der Heilkunde Schüler des Cheiron. Wer kennt ihn nicht, den besten unter den Helden vor Troja, durch Homer in der Ilias verherrlicht, wie kaum ein anderer Sterblicher.

und zwar, wem es reicht, auf ein ihres Nutzens würdige Weise; wer aber kein Vermögen hat, der zeige wenigstens guten Willen, indem er alles tut, was in seinen Kräften steht. Mit welchen und welcherlei Vorrüstungen aber man die Sache beginnen müsse, werde ich nicht bloß im allgemeinen bezeichnen, sondern auch im einzelnen näher begründen, damit man sich nicht ohne Vorkenntnis an das Werk mache; und niemand achte diese für unbedeutend, denn ohne sie sie läßt sich nichts ausrichten.

Der Netzwart muß ein Mann sein, der Eifer für das Werk hegt, die griechische Sprache spricht[27], dem Alter nach etwa zwanzig Jahre alt ist, mit leichtem und kräftigem Körperbau und einem mutigen Wesen, damit er, durch diese Eigenschaften den Anstrengungen gewachsen, Freude an dem Geschäft habe.

Die Fangnetze, sowie die Weg- und Stellnetze[28] müssen aus feinem phasianischem[29] oder karthagi-

---

[27] D. h., wenn auch ein ausländischer Sklave, so doch der griechischen Sprache mächtig, um den Herrn zu verstehen usw. – Den Netzwart kann man mit unserem Forstwart und Jägerburschen, oder noch näher mit dem Zeugjäger, früher Zeugknecht genannt, vergleichen.

[28] Jul. Pollux erklärt: „Unter verschiedenen Benennungen bezeichnet die Jägersprache mit Stellnetze, die auf ebenem, flachem Feld ausgespannten Netze, mit Wegnetze, die auf den Wegen; die Fallnetze, aber sind der Größe nach kleiner, der Gestalt nach gleichen sie ein Netzhaube, indem sie spitz auslaufen.“

[29] So benannt von der Stadt Phasis, einer Handelsfaktorie der Milesier, der östlichsten Handelsstadt am Schwarzen Meer, am südlichen Ufer des gleichnamigen Flusses (jetzt Rione), nahe bei

schem Lein sein; und zwar die Fallnetze neunfädig, aus drei Strängen zu je drei Fäden, fünf Spannen[30] hoch, und zwei Handbreit[31] weit in den Maschen (oder Spiegeln). Die Zugleinen[32] aber müssen ohne Knoten durchgezogen werden, damit sie leicht beweglich sind. Die Wegnetze müssen zwölffädig, die Stellnetze sechzehnfädig sein, und erstere eine Länge von zwei, vier, fünf Klaftern[33], die letzteren von zehn, zwanzig, dreißig Klaftern haben: bei größerer Ausdehnung sind sie schwer zu handhaben. Beide müssen dreißig Kno-ten haben[34], und die Maschen die gleiche Weite wie bei den Fallnetzen. An den Wechseln müssen die Wegnetze Schleifen aus Faden, die Stellnetze eiserne Ringe haben[35]; zu den Leinen nehme man gedrehte Stricke.

---

seiner Mündung. Die Fasanen (Phasianae aves) haben daher ihren Namen.

[30] 1 Spanne = ca. 20,00 cm.

[31] 1 Handbreit = 10,00 cm.

[32] Jul. Pollux sagt: „Die Zugleine (Durchlauf) des Netzes ist ein auf beiden Seiten durch die oben und unten äußersten Maschen laufendes Seil, mittelst dessen die Garne zusammengezogen und wieder ausgedehnt werden."

[33] 1 Klafter = ca. 1,80 m.

[34] Bei Jul. Pollux ist erklärt: „Am Netz heißt ein Teil Masche; die Masche ist aber an den Netzen der zusammenhaltende, aus vier Knoten bestehende, viereckige Zwischenraum, welcher beim angespannten Netz rautenförmig wird."

[35] Schleifen von Schnüren und Ringe von Metall zum Durchziehen der Leinen oder Einschieben der Ruten.

Die Stellstangen[36] der Fallnetze haben eine Höhe von zehn Handbreit; indes müssen auch kleinere vorhanden sein, die ungleichen für unebene Örtlichkeiten, um gleiche Höhe (der Netze) herzustellen; die gleichen für die ebenen. Sie müssen übrigens am oberen Ende das Herausstreifen (der Leine) leicht machen, und daher glatt sein. Für die Wegnetze müssen sie doppelt (so hoch) sein, und für die Stellnetze eine Höhe von fünf Spannen haben, die Gabeln klein, die Kerben nicht tief; stark aber müssen alle sein, doch zur Länge nicht unverhältnismäßig dick. Die Zahl der Stellstangen, die man zu den Stellnetzen braucht, kann größer oder kleiner sein: kleiner, wenn das Netz beim Stellen prall angezogen wird; größer, wenn schlaff. Auch muß man, um Fall- und Stellnetze darin zu verwahren, für beide einen kalbsledernen Sack haben, sowie Hippen, um Holz abzuhauen und, wo es nötig ist, damit Lücken verstopfen zu können.

3. Kapitel.

Es gibt zwei Arten von Hunden, die kastorischen und die Fuchshunde. Die kastorischen haben diesen Namen erhalten, weil Kastor[37], ein großer Jagdlieb-

---

[36] Jul. Pollux sagt: „Stellstangen sind gerade Hölzer, oben gegabelt, in den Boden eingerammt, in den Gabeln die Maschen und Zugleinen der Netze aufnehmend."
[37] Jul. Pollux: „Die Kastorischen, eine Zucht Kastors, sind ein Geschenk von Apollo. Diese nennt derselbe Dichter (Nikander)

haber, dieselben hauptsächlich züchtete; die Fuchshunde, weil sie von Hunden und Füchsen abstammen, deren Natur sich in langer Zeit vermischt hat. Die schlechten, welche aber die größere Zahl ausmachen, haben folgende Merkmale: Sie sind klein, krummnasig, blauäugig, blinzelnd, häßlich, steif, schwach, dünn behaart, hochläufig, schlecht proportioniert, verdrossen, haben eine schlechte Nase und sind nicht gut auf den Läufen. Die kleinen richten oft beim Jagen wegen ihrer Kleinheit nichts aus; die krummnasigen haben ein schlechtes Gebiß und halten darum den Hasen nicht fest; die blinzelnden und blauäugigen haben schlechte Augen; die mißgestalteten sind schon häßlich anzusehen; die mit steifen Gliedern kommen beim Jagen nur schwer zurecht; die schwächlichen und kahlen sind nicht imstande, Strapazen durchzumachen; die hochläufigen und schlecht proportionierten nehmen, eben wegen des ungefügen Körperbaues, die Fährte nur mühsam auf; die verdrossenen verlassen die Arbeit und ziehen sich aus der Sonne in den Schatten zurück und legen sich nieder; die mit schlechter Nase wittern den Hasen nur mühsam und selten; die mit schlechten Läufen endlich können, selbst wenn sie munter sind, die Anstrengung nicht ertragen, und ermatten wegen der Empfindlichkeit ihrer Läufe.

Es gibt übrigens auch vielerlei Arten des Spürens bei denselben Hunderassen. Die einen gehen, wenn sie die

Fuchshunde, weil die Kastorische Rasse sich mit einem Fuchs vermischt habe."

Spur angenommen haben, auf derselben ohne Zeichen, so daß man von ihrem Spüren nichts bemerkt; andere bewegen bloß die Ohren hin und her, und halten die Rute ruhig; andere dagegen halten die Ohren unbeweglich und wedeln dafür mit der Spitze der Rute, während noch andere die Ohren spitzen und knurrend mit gesenkter und eingezogener Rute der Spur folgen. Viele aber tun von allem diesen nichts; sondern umschwärmen bellend und toll umherrennend die Fährte an, wenn sie darauf gestoßen sind, und zertreten so unsinnigerweise die Witterung. Einige machen allerhand Kreise und Umschweife, fallen die Spur von vorne wieder an, und lassen den Hasen außer acht; so oft sie aber auf die Spur zulaufen, schnüffeln sie, und wenn sie den Hasen vor sich erblicken, sind sie verblüfft und gehen nicht eher drauf los, als bis sie ihn ausreißen sehen. Alle diejenigen aber, welche beim Spüren und Verfolgen vorrennen unter beständigem Umsehen nach den Entdeckungen der anderen Hunde, trauen sich selbst nicht recht; voll Selbstvertrauen sind dagegen die, welche den Erfahrenen unter ihren Kameraden keinen Vorsprung lassen, sondern sie lärmend zurückhalten. Andere, die ihre Freude am Täuschen haben, und sich bei allem, worauf sie stoßen, überaus munter gebärden, rennen wohl wissend, daß sie betrügen, vor, während wieder andere unbewußt ganz dasselbe tun. Schlecht aber sind diejenigen, welche sich nicht von den Steigen entfernen, weil sie die gerade fortlaufende Spur nicht auffinden. Diejenigen Hunde, welche die Lagerspuren nicht kennen und auf den Laufspuren[38] schnell hinlaufen, sind nicht reiner Art. Einige verfolgen anfangs rasch, lassen aber aus Verdrossenheit nach; andere überschießen und gehen dann fehl; noch andere geraten aus Unachtsamkeit auf die Wege und irren ab, weil sie nicht genug Appell haben. Viele lassen das gejagte Wild laufen und kehren um aus Überdruß an der Jagd; viele auch aus Anhänglichkeit an die Menschen. Andere schlagen auf der Fährte laut an und versuchen zu täuschen[39], indem sie die falschen (Fährten) für die wahren ausgeben. Wieder andere tun dies zwar nicht; aber wenn sie mitten im Lauf nur von irgendwoher ein Geräusch hören, so lassen sie ihre Aufgabe liegen und rennen unbesonnen darauf los: denn einige folgen der Meute, ohne die Fährte deutlich zu haben; andere mit geringer noch andere mit unsicherer Witterung. Einige revieren scheinbar, andere aus Neid, indem sie unaufhörlich neben der Fährte hin und her schwärmen. Solche nun, die meist von Natur, zum Teil auch durch unverständige Abrichtung mit diesen Fehlern behaftet sind, sind unbrauchbar, und vermögen selbst dem Eifrigen alle Jagdliebhaberei verleiden. Wie aber die

---

[38] Die Laufspuren sind wohl so viel als Hinfährten, d. h. wohin das Wild geht, und Lagerspuren so viel als Rückfährten, d. h. woher das Wild gekommen ist.

[39] Statt erst den Laut zu geben, wenn fiel den Hasen zu Gesicht bekommen haben, schlagen sie schon auf der Fährte an und lassen so den Jäger fälschlich annehmen, daß sie den Hasen bereits sehen.

von einer und derselben Rasse nach Gestalt usw. beschaffen sein müssen, werde ich jetzt darstellen.

4. Kapitel.

Zuerst müssen sie groß sein; sodann einen leichten, stumpfnasigen, kräftigen Kopf haben, sehnig unterhalb der Stirn; vorstehende, schwarze, glänzende Augen; eine große und breite Stirn mit tiefer Scheidelinie; die Ohren klein, dünn, hinten wenig behaart; der Hals lang, biegsam, beweglich; breite, von den Schultern an etwas fleischige Brust; ein wenig voneinander abstehende Schulterblätter; kurze, gerade, runde, feste Vorderläufe; gerade Ellenbogen; nicht so sehr tiefe, sondern schräg auslaufende Seiten; fleischige, die Mitte zwischen lang und kurz haltende, weder zu weiche noch zu starre Lenden; zwischen groß und klein mitten inne stehende Wammen; runde, hinten fleischige, oben nicht zusammenstoßende, nach innen aber gedrungene Hüften; die unterhalb der Flanken gelegenen Teile und die Flanken selbst schlank; die Rute lang, gerade, spitz zulaufend; die Oberschenkel derb; die Unterschenkel lang, beweglich, fest; die Hinterläufe viel höher als die Vorderläufe und etwas gekrümmt; die Läufe beweglich. Und sind die Hunde auf solche Art gestaltet, so werden sie kräftig, flüchtig, wohlproportioniert, schnellfüßig und munteren Aussehens sein und ein gutes Gebiß haben.

Wittern müssen sie so, daß sie von den Steigen schnell loskommen, den Kopf schräg zu Boden halten, die Fährten munter anfallen, die Ohren dabei hängen lassen, die Augen häufig hin und her bewegen, mit der Rute wedeln, und in vielfachen Kreisen auf das Lager zugehen, alle zugleich sich auf der Fährte haltend. Wenn sie aber dem Hasen selbst ganz nahe gekommen sind, so müssen sie es dem Jäger bemerklich machen, indem sie schneller hin und her gehen, und mehr noch markieren durch ihren Eifer, durch den Kopf, durch die Augen, durch den Wechsel der Stellungen, durch das Zurück- und dann wieder Hinblicken auf das Lager des Hasen, durch Sprünge vorwärts und rückwärts und seitwärts, sowie durch ihre jetzt wahrhaft steigende Lebhaftigkeit und übergroße Freudenbezeigung, nunmehr dem Hasen nahe zu sein. Sie müssen mit Macht und unablässig unter starkem Lautgeben und Gebell verfolgen, indem sie dem Hasen durch dick und dünn nachjagen. Anfallen müssen sie die Spur rasch und eifrig, die häufigen Wendungen mitmachend und dazu jagdgerecht anschlagend; aber abgehen von der Spur und zum Jäger zurückkommen dürfen sie nicht.

Neben solcher Gestalt und Arbeit sollen sie ausdauernd und gut auf den Füßen sein, gute Nasen und schönes Fell haben. Ausdauernd werden sie sein, wenn sie vom gejagten Wild auch in der größten Sommerhitze nicht abgehen. Gute Nasen haben sie, wenn sie den Hasen auf kahlem, trockenem, der Sonne ausgesetztem Boden wittern, wenn diese sich zum Mittag neigt; gute Füße, wenn sie zur gleichen Zeit dieselben nicht aufreißen, auch beim Lauf in gebirgiger Gegend; gutes Fell, wenn dieses fein, dicht und weich ist.

Die Farbe der Hunde soll weder ganz fuchsrot, noch ganz schwarz, noch ganz weiß sein: denn diese Einfarbigkeit ist nicht edel, sondern den wilden Tieren zu eigen. Die roten und auch die schwarzen müssen daher weißes, die weißen aber rotes Haar im Gesicht sprießen haben, sowie an den Schenkeln zuäußerst glattes, langes und ebenso auch an den Wammen und an der Rute unten, oben jedoch von mäßiger Länge.

Besser ist es, die Hunde auf die Berge abzuführen; minder gut auf bebautes Land: denn auf den Bergen sind sie imstande, die Spur nicht nur reinlich aufzunehmen, sondern auch zu verfolgen; was beides auf dem bebauten Feld nicht der Fall ist wegen der Steige. Es ist, wenn man auch keinen Hasen findet, gut, die Hunde auf rauhen Boden zu führen: denn sie werden dadurch nicht bloß gut auf den Füßen, sondern haben auch noch den Vorteil, den Körper in solchen Örtlichkeiten abzuhärten. Ausführen aber muß man sie im Sommer bis gegen Mittag, im Winter den ganzen Tag über, im Spätherbst nachmittags, im Frühjahr zur Abendzeit: denn diese (Tageszeiten) sind gemäßigt.

5. Kapitel.

Die Fährte des Hasen läuft im Winter eine lange Strecke fort wegen der Länge der Nächte, im Sommer eine kurze wegen des Gegenteils. Im Winter nun riecht sie frühmorgens nicht, wenn Reif oder Frost eintritt: denn der Reif bindet durch seine Kraft die Wärme; der Frost hält sie dadurch fest, daß er sie gefriert. Auch Hunde mit guter Nase können sie in solchem Zustand nicht wittern, bevor die Sonne oder die vorgerückte Tageszeit sie löst: dann aber wittern sie nicht nur die Hunde, sondern sie selber macht sich durch Verdunstung riechbar. Sie verschwindet auch bei starkem Tau, der sie niederschlägt; und etwas anhaltende Regen, welche Bodengerüche verbreiten, machen das Spüren gleichfalls schwierig, bis es wieder abtrocknet. Von nachteiligem Einfluß sind auch die Südwinde: denn sie machen feucht und erweichen[40]; die Nordwinde dagegen wirken zusammenziehend, und erhalten (die Spur), wenn sie noch unversehrt ist. Die Platz- und die Staubregen verschwemmen sie, und der Mond, zumal wenn er voll ist, schwächt sie ab durch seine Wärme[41]; auch sind sie zu der Zeit weit auseinander: denn aus Freude über die Helligkeit machen die Hasen Sprünge und dadurch in ihren Spuren weite Zwischenräume, indem sie miteinander spielen; verworren aber werden dieselben, wenn vorher Füchse des Weges gegangen sind. Der Frühling mit seiner günstig gemischten Luft macht die Fährten leicht spürbar, außer wenn die sprießende Erde den Hunden hinderlich wird durch die Beimischung der Pflanzengerüche. Schwach und unmerklich dagegen sind sie im

---

[40] Es gilt dies für Griechenland; in anderen Ländern findet das Gegenteil statt.

[41] Dem Mondlicht schrieben die Alten eine schwache, feuchte Wärme zu, welche die Fäulnis befördere.

Sommer: durchglüht, wie sie ist, läßt die Erde die ihnen innewohnende Wärme[42] verschwinden: denn diese ist flüchtig: auch haben die Hunde zu der Zeit weniger Witterung, weil ihr Körper erschlafft ist. Im Herbst sind sie rein: denn von sämtlichen Erzeugnissen des Bodens sind die nutzbaren eingebracht, die wildwachsenden altershalber erstorben, so daß sich beimischende Gerüche von Pflanzen die Spur nicht beeinflussen. Es sind übrigens im Winter, Sommer und Herbst die Spuren in der Regel gerade, im Frühling dagegen verschlungen: denn das Tier begattet sich zwar zu jeder Zeit, besonders aber in dieser Jahreszeit, und darum in der Brunst miteinander umherschweifend, bringen sie solche Spuren hervor.[43] Übrigens riechen die Lagerspuren längere Zeit als die Laufspuren: denn auf den Lagerspuren bleibt der Hase hoppelnd stehen, über die Laufspuren rennt er flüchtig weg[44]; der Boden erhält somit bei jenen eine feste, bei

---

[42] Warme Fährte ist eine solche, die eben erst entstanden ist und wovon also die Hunde noch starke Witterung haben. Im Gegenfall nennt man die Fährte kalt.

[43] Die Begattungs- oder Rammelzeit der Hasen fängt an, sobald gegen das Frühjahr die Witterung gelinder wird, und dauert bis August und oft bis September. Zu dieser Zeit, besonders aber im Frühjahr, treiben die Rammler die Häsinnen selbst am Tage auf den Feldern umher, und folgen ihnen, wie je Hunde, auf der Spur nach.

[44] Flüchtig nennt man es, wenn Wild schnell läuft. Kommt ein Stück Wild im Trab an, so nennt man dies trollen; geht es aber im Schritt, so nennt man es beim Hirsch ziehen, bei den Hasen aber hoppeln.

diesen keine volle Spur. An bewachsenen Orten aber ist die Witterung stärker, als an kahlen: denn beim Durchlaufen und Niedersitzen berührt er vieles.

Sie lagern sich in allem, was die Erde erzeugt oder sich auf ihr sich befindet, darunter, darüber, darin, daneben, weit davon weg, nahe dabei, dazwischen; zuweilen auch im Meer, indem einer auf irgend einen erreichbaren Punkt hinüberspringt, und im Gewässer, wenn eine oben auf schwimmende oder von Natur aus feste Stelle sich in demselben findet. Der lagernde Hase nun macht sich ein Lager in der Regel bei Kälte an warmen, bei Hitze an schattigen, im Frühjahr und Herbst an sonnigen Stellen[45]: nicht so dagegen die wechselnden Hasen, weil sie von den Hunden eingeschüchtert sind.

Der Hase lagert sich aber so, daß er die (hinteren) Unterschenkel unter die Seiten beizieht, die Vorderläufe meist nebeneinander legt und ausstreckt, auf die Spitzen derselben das Kinn setzt, und die Ohren (Löffel) über die Schulterblätter breitet. Somit bedeckt

---

[45] Wenn der Hase nicht gestört wird, so behält er ein Lager geraume Zeit bei, und macht es gewöhnlich so tief, daß sein Rücken kaum merklich über die Oberfläche des Bodens hervorragt und daß selbst ein geübtes Auge ihn nur mit Mühe zu entdecken vermag. Glaubt er sich aber nicht mehr sicher, oder ist es wegen der Nahrung oder Witterung nötig, so verändert er sein Lager oft; doch verläßt er seine Geburtsgegend selbst dann nicht einmal, wenn er darin gehetzt und auf mancherlei Art verfolgt wird. Standwild ist solches, welches sich immer in einer bestimmten Gegend aufzuhalten pflegt. Es unterscheidet sich dadurch vom Wechselwild, das nie lange an einem Ort verweilt.

er die gelenkigen Körperteile. Übrigens hat er auch mit dem Fell eine gute Decke: denn es ist dicht und weich. So lange er wach ist, blinzelt er mit den Augenlidern; wenn er aber schläft, hat er diese unbeweglich offen und die Augen (Lichter) halten sich ruhig: dagegen bewegt er die Nasenflügel häufig, wenn er fest schläft; wenn nicht, seltener. Sobald der Boden wieder ausschlägt, hält er sich lieber im bebauten Feld als in den Bergen auf. Auch aufgespürt, bleibt er überall sitzen, sofern er nicht nachts allzusehr geschreckt wird; ist er aber dem ausgesetzt, so verändert er sein Lager.

Er ist so fruchtbar, daß er (zu gleicher Zeit) gesetzt hat, setzt und trächtig ist.[46] Die jungen Hasen geben eine stärkere Witterung, als die erwachsenen, denn mit ihren noch zarten Gliedern schleppen sie sich ganz auf dem Boden hin. Die noch allzu jungen lassen die Jagdliebhaber der Göttin[47] zu Ehren laufen. Die bereits jährigen sind sehr flüchtig beim ersten Lauf; bei dem weiteren aber nicht mehr; denn sie sind wohl behende, aber die Kraft fehlt.

Um die Spur des Hasen aufzusuchen, muß man die Hunde auf dem bebauten Feld abwärts führen; diejenigen Hasen, welche sich da nicht aufhalten, besuchen die Wiesen, Täler, Flußufer, die steinigen und waldigen Orte. Und wenn sie herausfahren, darf man nicht aufschreien, damit die Hunde nicht stutzig

---

[46] Herodot erwähnt der Superfötation des Hasen, eine ungemeine Fruchtbarkeit davon ableitend, daß er vor allen Tieren, Vögeln und Menschen verfolgt wird.
[47] Der Artemis, oder Diana.

gemacht werden und die Fährte nur mit Mühe anfallen. Von ihnen aufgespürt und verfolgt, setzen die
Hasen zuweilen über Gewässer und machen Wider-
gänge[48], und verstecken sich in Schluchten und in
Schlupfwinkeln. Sie fürchten ja nicht bloß die Hunde,
sondern auch die Adler, denn wenn sie an Bergflanken
oder über kahle Strecken hinstreichen, werden sie, ehe
sie jährig sind, in die Lüfte entführt; die stärkeren aber
fangen die nachjagenden Hunde weg.

Am flüchtigsten sind die Berg- (oder Wald-) Hasen,
weniger flüchtig die Feldhasen, am schwerfälligsten die
Sumpfhasen; die aller Orten herumschweifenden
(Wechselhasen) aber sind schwer im Lauf zu fangen:
denn sie kennen die Schliche. Sie laufen am besten
bergan, oder auf ebenem Felde; auf ungleichem Boden
ungleich; bergab am wenigsten gut.

Beim Verfolgen sind sie am ehesten bemerkbar auf
umgebrochenem Boden, wenn sie, wie es bei einigen
der Fall ist, rötliche Farbe haben, und zwischen den
Stoppeln wegen des Widerscheins. Bemerkbar sind sie
auch auf den Steigen und Wegen, wenn diese eben
sind: denn der ihnen anhaftende Glanz (ihrer Wolle)
scheint wider. Unbemerkbar dagegen sind sie wegen
der Gleichheit der Farbe, wenn sie sich zwischen Felsen,
auf Berge, in steinige und waldige Striche flüchten.

---

[48] Widergang nennt man es, wenn Wild auf seiner Fährte oder
Spur eine Strecke zurückgeht und dann einen Absprung macht,
um seinen Aufenthaltsort zu verbergen, oder die ihm auf der
Fährte folgenden Jäger, Hunde oder Raubtiere dadurch irre zu
machen.

Haben sie einen Vorsprung vor den Hunden, so halten sie an, recken sich[49] (auf den Hinterläufen) sitzend in die Höhe und horchen, ob etwa in der Nähe ein Laut oder Geräusch von den Hunden zu vernehmen sei, und wenden sich von dem Ort weg, von welchem sie dies vernehmen. Manchmal, auch wenn sie nichts hören oder es sich nur einbilden, flüchten sie sich neben und auf denselben Fährten, indem sie verschiedene Absprünge machen[50] und Spur in Spur setzen. Und am weitesten laufen die auf kahlem Boden Aufgestoßenen wegen der Sichtbarkeit; am wenigsten weit die an dicht bewachsenen Orten (aufgescheuchten), denn die Dunkelheit ist hier hinderlich.[51]

Es sind ihrer gleichfalls[52] zwei Arten. Die einen (Hasen) sind groß, schwärzlich, mit großer Blesse auf der Stirn; die anderen kleiner, gelblich, mit kleiner Blesse; die einen haben eine ringförmig gefleckte, die

---

[49] Wenn der Hase weit um sich sehen und horchen will, so setzt er sich auf die Fersen und richtet den ganzen Körper gerade auf. Dies nennt man: einen Kegel machen. Setzt sich der Hase aber auf die Keulen, so sagt man: er mache ein Männchen.

[50] Das Wild sucht seinem Verfolger dadurch zu entgehen und die Hunde irre zu machen, daß es einen Sprung, oder eine Flucht zur Seite macht und sich dann bald in einen Strauch verbirgt oder zur Seite schnell fortläuft. Die Hasen machen aber auch Absprünge, wenn sie nicht verfolgt werden, sondern nur ihren Aufenthaltsort den künftig etwa nachspürenden Raubtieren verbergen wollen, damit sie, wenn der Fuchs usw. ihre Spur verfolgt, denselben, auf der Seite sitzend, beobachten und flüchtig werden können.

[51] Natürlich nicht für den flüchtigen Hasen, sondern für die Verfolger, die den Flüchtling bald aus den Augen verlieren.

[52] D. h. wie bei den Hunden.

anderen eine an den Seiten länglich-gestreifte Blume; bei einigen spielen die Lichter mehr ins Gräuliche, bei anderen mehr ins Bläuliche, und an den Spitzen der Löffel haben die einen viel, die anderen wenig schwarz. Auf den meisten Inseln, unbewohnten sowohl als bewohnten, finden sich die kleineren, und zwar hier zahlreicher, als auf dem Festland: denn auf den meisten derselben gibt es weder Füchse, welche die alten wie die jungen überfallen und wegschleppen, noch Adler, welche lieber die großen Berge bewohnen, als die kleinen, und diese sind in der Regel auf den Inseln kleiner. Jäger aber finden sich auf den unbewohnten selten ein, und auf den bewohnten gibt es wenige Leute, und die meisten sind keine Jagdliebhaber, während auf die heiligen Inseln[53] nicht einmal Hunde gebracht werden dürfen. Wenn nun aber von den schon vorhandenen und noch hinzukommenden Hasen wenige gejagt werden, muß ihre Menge wohl groß sein.

Der Hase sieht aus mehr als einem Grunde nicht scharf. Er hat nämlich vorstehende Augen, und allzu kurze, gegen die Lichtstrahlen keinen Schutz gewährende Lider: seine Sehkraft ist daher schwach und verschwommen. Zudem ist auch der Umstand, daß das Tierchen die meiste Zeit schläft, nicht förderlich für sein Sehvermögen. Ebenso trägt seine Flüchtigkeit viel zu seiner Kurzsichtigkeit bei: denn schnell schweift

---

[53] Z. B. Delos, die kleinste der Kykladen, als Geburtsstätte des Apollo und der Diana so heilig, daß kein Toter auf ihr bestattet und namentlich kein Hund auf ihr geduldet wurde.

sein Blick an jedem Gegenstand vorüber, noch ehe er bemerkt, was es eigentlich ist. Daneben ist es auch die Furcht vor den Hunden, wenn sie dem flüchtig Gemachten nachsetzen, was ihm mit die Fähigkeit benimmt, sich vorzusehen, so daß er eben darum unbemerkt auf vieles stößt und in die Netze gerät. Würde er geradeaus fliehen, so würde ihm etwas der Art selten widerfahren; aber da er Haken schlägt und die Orte liebt, wo er geboren und aufgewachsen ist, wird er gefangen. Im Lauf wird er seiner Flüchtigkeit wegen nicht oft eine Beute der Hunde: alle, welche gefangen werden, werden es trotz der natürlichen Gestaltung ihres Körpers durch einen Zufall, denn kein Tier, das mit dem Hasen gleiche Größe hat, kommt ihm im Lauf gleich.

Die Bestandteile seines Körpers sind nämlich also beschaffen: er hat einen leichten, kleinen, vorgeneigten Kopf; einen nicht ungelenken Hals von gehöriger Länge; gerade, oben nicht verbundene Schulterblätter; an diesen leichte, eng gestellte Schenkel; eine fleischlose Brust; leichte, ebenmäßige Seiten; wohlgerundete Lenden; fleischige Schenkel; weiche, gehörig dünne Wammen; runde, ringsum volle, und oben, wie es sein soll, auseinanderstehende Hüften; lange, derbe, außen gewölbte, innen nicht bauchige Keulen; lange, feste Unterschenkel; vorne äußerst geschmeidige, schmale und gerade, dagegen hinten starre und breite, insgesamt aber vor keinerlei rauhem Boden sich scheuende Läufe, die hinteren viel größer als die vorderen, und ein wenig nach außen gebogen; eine kurze, feine Wolle.

Es ist demnach unmöglich, daß ein solcherart gebautes Tier nicht stark, geschmeidig und ungemein flüchtig sein sollte. Ein Zeugnis seiner Flüchtigkeit ist: wenn er sich sachte fortbewegt, so hoppelt er, (im eigentlichen Schritt gehen hat ihn noch niemand gesehen und wird ihn niemand sehen,) indem er die Hinterläufe über die Vorderläufe hinaus setzt; und so läuft er auch. Sichtbar ist das im Schnee.

Der Schwanz[54], den er hat, ist nicht dienlich zum Lauf: denn er ist zu kurz, um dem Körper als Steuer zu dienen; dazu braucht er vielmehr einen seiner Löffel, auch wenn ihm die Hunde auf dem Leibe sind; indem er nämlich den einen Löffel legt und nach der Richtung, von welcher er sich bedroht sieht, schräg herabsenkt, macht er, auf denselben sofort sich lehnend, rasch eine Flucht zur Seite, und läßt in kurzem, was ihm nachjagt, hinter sich.

So niedlich aber ist das Tierchen, daß wohl jedermann, wenn er dasselbe aufspüren, finden, verfolgen und fangen sieht, alles, was er sonst lieb hat, darüber vergißt.

Wer auf dem angebauten Feld jagt, der schone die Erzeugnisse der jeweiligen Jahreszeit und lasse die Quellen und fließenden Wasser[55] unbehelligt: denn daran sich vergreifen, ist schändlich und schlecht, auch

---

[54] Waidmännisch gesprochen „die Blume", wie Löffel statt Ohren, Wolle statt Haar usf.

[55] Als heilige Gegenstände.

muß man es vermeiden, damit die, welche es sehen, nicht das Gesetz übertreten. Und wenn die Zeit anbricht, wo die Jagd geschlossen werden soll, muß man alles, was zum Jagen gehört, einstellen.

6. Kapitel.

Zur Ausrüstung der Hunde gehören Halsbänder, Leitriemen und Seitengurte. Die Halsbänder müssen weich und breit sein, damit sie die Haare der Hunde nicht abreiben; die Leitriemen aber Schleifen für die Hand haben, und sonst nichts[56]: denn wer aus denselben (zugleich) das Halsband macht, der meint es nicht gut mit seinem Hund. Die Seitengurte[57] müssen breite Riemen sein, damit sie nicht die Seiten der Hunde scheuern. Es müssen aber Stacheln eingenäht sein, damit sie die Rasse (rein) erhalten.

---

[56] Dieses „und sonst nichts" will wohl sagen: außer der Schlinge für die Hand des Führers keine weitere Vorrichtung, um etwa aus dem Leitriemen oder der Leine zugleich das Halsband zu machen: denn da es nur ein dünner Riemen oder Strick ist, so würde dadurch der Hund, sobald er sich ins Zeug legte, an der Luftröhre gedrückt oder gewürgt und auch ohne dies das Haar an Halse abgerieben werden. Es soll deshalb der Leitriemen bloß am Halsband, der Haltung, befestigt sein; dieses aber eben darum aus einem breiten, wohl auch innen mit Pelz gefütterten Lederriemen bestehen.

[57] Diese Seitengurten sind nach Jul. Pollux, breite, am Halsband befestigte Ledergurte, welche den Rücken und die Wammen bedecken, und um die Schamteile mit Stacheln versehen sind, um Hunden von unedler Rasse das Belegen einer reinen Hündin zu entleiden, und so Bastardnachzucht zu verhüten.

Man darf die Hunde nicht zur Jagd ausführen, wenn sie ihr Futter nicht gern annehmen (denn dies ist ein Zeichen, daß sie sich nicht wohl befinden), auch nicht, wenn ein starker Wind weht, denn er verwischt die Spuren, und die Hunde können nicht wittern, auch weder Fall- noch Stellnetze sich halten. Wenn aber keines der beiden Hindernisse vorliegt, so muß man sie alle drei Tage ausführen. Ans Verfolgen der Füchse darf man die Hunde sich nicht gewöhnen lassen: denn das ist das größte Verderben, und im erforderlichen Fall sind sie nie auf dem Platz. Übrigens wechsle man beim Ausführen mit den Jagdbezirken, damit die Hunde die Jagd, der Jäger selbst die Gegend kennen lerne. Früh breche er auf, um den Hunden die Witterung nicht zu entziehen; die Zögernden bringen die Hunde um das Aufstoßen des Hasen, sich selbst aber um den Nutzen: denn die Witterung der Spur, da sie zarter Natur ist, haftet nicht zu jeder Tageszeit.

Die Kleidung, in welcher der Netzwart auf die Jagd geht, sei bequem. Die Fallnetze aber stelle er um Pässe[58], um rauhe, ansteigende, hohle, dunkle Wege, an fließende Wasser, Schluchten und nie versiegende Waldbäche: denn dahin flüchtet der Hase sich am liebsten: wohin sonst noch zu sagen würde kein Ende nehmen. (Er lasse) dabei sichtbare, schmale Zu- und Durchgänge, und (tue es) gegen Tagesanbruch und nicht in aller Frühe, damit, wenn der Stand des Netzes

---

[58] Wenn Hochwild auf derselben Stelle mehrmals aus- und eingegangen ist, wodurch kleine Pfade entstehen, so nennt man dies Wechsel; bei Hasen und Raubtieren aber Pässe.

nahe beim Wild ist, dieses nicht erschreckt werde, wenn es das Geräusch in seiner Nähe hört; ist aber beides weit voneinander, so ist man weniger gehindert, das Richten der Netze in aller Frühe ins reine zu bringen, wo sonst der Sache nichts im Wege steht. Die Stellstangen setze er nach hinten geneigt ein, damit sie angezogen die gehörige Spannung erhalten; am oberen Ende derselben lege er die Maschen gleich auf, und den in der Mitte auszuziehenden Netzsack sprieße er gleichmäßig. In die (Unter-) Leinen aber knüpfe er einen langen, großen Stein, damit das Netz, wenn der Hase sich darin verfangen hat, nicht im Gegensinn sich anspanne. Übrigens sei die Stangenreihe lang, und damit der Hase nicht darüberspringe, hoch. Beim Abspüren halte man sich nicht lange auf, denn es ist weidmännisch und auch ein Zeichen von Rührigkeit, auf alle Weise rasch zu fangen. Die Stellnetze richte er an ebenen Örtlichkeiten; die Wegnetze aber stelle er an den Wegen und vor den Steigen an die Stellen, wo die Spuren zusammenlaufen, indem er die Unterleinen am Boden fest macht, die Netzwechsel verbindet, die Stellstangen einsteckt, zwischen den Saum machend oben auf dieselben die Oberleinen hebt, und die Durchgänge versperrt. Er halte Wache, indem er außen herumgeht; falls eine Stangenreihe oder ein Netz sich neigt, richte er es wieder auf; den den Fallnetzen zugetriebenen Hasen lasse er geradezu vorwärts laufen, und schreie, indem er ihm nachläuft; ist er aber eingefallen, so dämpfe er die Hitze der Hunde, ohne sie anzurühren, durch freundliche Ansprache; zugleich gebe er dem Jäger durch den Jagdruf zu verstehen, daß er gefangen, oder aber daß er da oder dort vorbeigelaufen ist, oder daß er ihn nicht gesehen, oder wo er ihn zu Gesicht bekommen hat.

Der Jäger aber gehe auf die Jagd in bequemer, leichter Kleidung und Beschuhung, einen Stock in der Hand. Der Netzwart folge ihm. Zum Jagdplatze gehe er stille hin, damit nicht der etwa in der Nähe sitzende Hase seine Stimme höre und ausreiße. Er binde die Hunde außerhalb des Gehölzes an, und zwar, um sie desto leichter losbinden zu können, jeden besonders, und dann lasse er die Fall- und Stellnetze in der zuvor beschriebenen Weise fängisch stellen. Nach diesem sei der Netzwart auf der Wacht; er selbst aber gehe mit den Hunden ans Auftun des Wildes. Nachdem er auch dem Apollo und der Jagdgöttin Artemis[59] Anteil an der Jagdbeute gelobt hat, binde er einen Hund los, welcher am besten spürt, und zwar im Winter mit Sonnenaufgang, im Sommer vor Tagesanbruch, in den anderen Jahreszeiten in der dazwischen liegenden Zeit. Sobald aber der Hund die gerade Spur unter den verschlungenen angefallen hat, binde er noch einen zweiten los, und wenn er die Spur aufnimmt, lasse er in kleinen Zwischenräumen auch die übrigen nacheinander los, und folge, ohne sie anzufeuern, indem man einen jeden beim Namen ruft, und ihm zuredet; aber nicht viel, damit sie nicht vor der Zeit hitzig werden.

---

[59] Agrotera, die Jagdliebhaberin, die Jägerin, Beiname der Artemis, oder Diana.

Sie gehen freudig und voll Eifer vor, und daneben und darauf hin und her laufend, entwirren sie die Spuren, doppelte und dreifache, wie sie entstanden sind, verschlungene und ringförmige, gerade und krumme, gedrängte und vereinzelte, merkliche und unmerkliche. Dabei rennen sie aneinander vorbei, wedeln schnell mit den Ruten, lassen die Ohren hängen und blitzen mit den Augen. Wenn sie dem Hasen nahe sind, werden sie es dem Jäger bemerklich machen, indem sie mit der Rute zugleich den ganzen Körper bewegen, kampflustig anspringen, wetteifernd nebeneinander her rennen, eifrig zusammenlaufen, rasch sich zusammenstellen, sich trennen und wieder vereinigen. Schließlich werden sie beim Lager des Hasen ankommen und auf denselben einspringen. Dieser wird sogleich aufspringen, und durch seine Flucht Gebell und Lautausgeben der Hunde hinter sich her bewirken. Während er verfolgt wird, rufe man zu: „Hoho, Hunde! hoho, Hunde! So ist's recht, meine Hunde! Schön so, meine Hunde!" Auch laufe der Jäger, sein Gewand um die Hand schlingend und den Stock hoch haltend, mit den Hunden dem Hasen nach, und trete ihm nicht entgegen[60], denn damit kommt man nicht durch. Der aber ist auf seiner Flucht bald außer Sicht, und kehrt meist wieder nach der Stelle zurück, wo er aufgestöbert worden ist. Der Jäger rufe: „Drauf los, Bursch! Drauf los, Bursch! Bursch, ho! Bursch, ho!" Dieser aber gebe,

---

[60] Wie man auch die Hunde dem Hasen nicht auf den Kopf hetzt, weil dieser um so gewisser durch einen Absprung zu entkommen sucht.

wenn der Hase gefangen ist oder nicht, ein Zeichen. Und ist er im ersten Trieb gefangen; so rufe der Jäger die Hunde ab, und suche einen anderen. Ist er es aber nicht, so setze er mit den Hunden aufs schnellste nach, und lasse nicht ab, sondern halte unverdrossen aus bis ans Ende. Und wenn sie beim Nachsetzen ihn wiederum aufstoßen, so rufe er ihnen zu: „Brav so! brav so, meine Hunde! Drauf los, meine Hunde!" Wenn sie aber weit voraus sind und er nicht imstande ist, sie im Lauf einzuholen, sich vielmehr von ihrer Bahn verirrt hat, oder sie, während sie sogar irgendwo in der Nähe schwärmen, oder die Spur halten, nicht zu sehen vermag; so erkundige er sich unter stetem Vorgehen bei jedem, dem er nahe kommt, mit dem Zurufe: „He, hast du die Hunde gesehen?" und wenn er es nun erfährt, so trete er hinzu und hetze sie nach, falls sie auf der Spur sind, indem er, den Ton der Stimme möglichst vielfach wechselnd, hoch, tief, schwach, stark, jeden anders bei seinem Namen ruft. Neben den sonstigen Zusprüchen rufe er ihnen, wenn das Jagen auf einem Berg stattfindet, also zu: „Brav, Hunde! Brav, meine Hunde!" falls sie aber nicht auf der Spur sind, sondern sie überschossen[61] haben; so rufe er sie an: „Nicht weiter! Nicht weiter, meine Hunde!" Und falls sie neben der Spur stehen, so führe er sie in vielen und dichten Kreisen herum. Wo ihnen die Spur unmerklich ist, da stecke er zum Zeichen für sich selbst

---

[61] Wenn ein Hund die Fährte nicht richtig verfolgt und neben derselben sucht, so nennt man es übergehen, überschießen.

einen Pfahl, und von diesem aus halte er sie durch Zusprechen und Abliebeln beisammen, bis sie die Fährte sicher erkennen. Sobald ihnen aber die Fährte deutlich ist, werden sie flugs nachjagen, indem sie darauf losstürzen, daneben Sprünge machen, sich's mitteilen, die Fährte wieder aufnehmen, Zeichen geben und sich selbst merkbare Grenzen setzen. Wenn sie nun so dicht auf der Spur hinrennen, so laufe er nicht hetzend mit, damit sie nicht im Wetteifer von derselben abkommen. Sobald sie aber in der Nähe des Hasen sind, und dies dem Jäger durch sichere Zeichen bemerklich machen; habe er acht, daß er nicht, aufgescheucht von den Hunden, nach vorne[62] ausreiße: diese ihrerseits werden ihre Ruten hin und her werfen und sich aufeinander stürzen und viele Sprünge machen und dazu Laut ausgeben, die Köpfe in die Höhe strecken, den Jäger anblicken, ihm bemerklich machen, daß es jetzt ernst sei, und sofort den Hasen aufstoßen und ihm unter Gebell nachsetzen. Ist aber der Hase ins Fallnetz geraten, oder ist er außen oder innen vorbeigerannt; so gehe der Netzwart Kunde von jedem einzelnen dieser Fälle; und ist der Hase gefangen, so suche man einen anderen; wo nicht, so setze man ihm nach unter denselben Aufmunterungen. Sind jedoch die Hunde durch das Nachsetzen bereits ziemlich ermüdet und ist es schon spät am Tag; dann muß der Jäger den abgehetzten Hasen aufsuchen, und dabei

---

[62] D. h. dem Jäger entgegen, oder vielmehr das Netz im Rücken und hinter sich lassend.

nichts von dem, was der Erde entsprießt oder auf ihrer Oberfläche sich befindet, unbeachtet lassen, indem er vielfach hin- und hergeht, damit das Tierchen nicht unentdeckt bleibe: denn es braucht zum Lager[63] nur einen kleinen Raum und fährt vor Müdigkeit und Furcht nicht heraus. Zugleich hetze er die Hunde, indem er sie anfeuert, und dem leutseligen viel, dem mürrischen wenig, und dem, der weder das eine noch das andere ist, mittelmäßig zuspricht, bis er den Hasen entweder im Lauf getötet oder ins Fallnetz getrieben hat. Nach diesem lasse er die Fall- und Stellnetze aufnehmen, reibe die Hunde ab und verlasse den Jagdplatz, jedoch im Sommer um die Mittagszeit nach einigem Warten, damit die Läufe der Hunde auf dem Heimweg nicht von der Hitze leiden.

7. Kapitel.

Man lasse die Begattung im Winter geschehen, während den Hunden Erholung von der Jagd gestattet wird, damit sie Ruhe haben, um gegen das Frühjahr eine edle Nachkommenschaft zu bringen: denn diese Jahreszeit ist dem Gedeihen der Hunde am meisten förderlich. Vierzehn Tage lang hält der Begattungstrieb

---

[63] Hier ist jedoch nicht ans eigentliche Lager zu denken, sondern an jeden möglichen Lagerplatz, und hierzu dient, was auf dem Boden wächst, Gras, Korn, Klee, Gesträuch usw., sowie was aus dem Boden liegt, Erdschollen, Steine, Holz usw.

an[64]; aber erst, wenn er sich etwas gelegt hat, führe man sie zu guten Hunden, damit sie schneller aufnehmen. Wenn sie dem Wölfen nahe sind, führe man sie nicht ununterbrochen auf die Jagd, sondern setze aus, damit nicht infolge zu großer Anstrengung die Jungen zugrunde gehen. Die Zeit des Tragens währt sechzig Tage.

Sind die Jungen da, so lasse man sie der Mutter, und schiebe sie keiner anderen Hündin unter[65]: denn die fremde Pflege ist dem Gedeihen nicht förderlich, während von der Mutter nicht bloß die Milch, sondern auch der Atem und das freundliche Anschmiegen an dieselbe gut tut.

Wenn die Jungen anfangen herumzulaufen[66], gebe man ihnen im ersten Jahr Milch und Dinge, wovon sie sich künftig ihr Leben lang ernähren sollen; sonst aber nichts; denn das Überladen mit schweren Speisen verkrümmt die Beine der jungen Hunde, legt in den Körper den Keim zu Krankheiten und erzeugt Mißbildungen im Innern. Die Namen, die man ihnen gibt, seien kurz, damit sie gut gerufen werden können. Es müssen etwa folgende sein: Psyche d. i. Seele; Thymos,

---

[64] Gewöhnlich dauert der Begattungstrieb neun, zuweilen vierzehn Tage; die Hündin läßt sich aber nicht eher vom Hunde belegen, bis ihr etwas Schweiß, oder Blut aus der Nuß fließt.

[65] Noch jetzt läßt man, wenn mehr Junge erhalten werden sollen, als die Mutter ihrer Konstitution nach ernähren kann, durch sogenannte Hundeammen säugen.

[66] Länger als 8 bis 9 Wochen brauchen die jungen Hunde nicht zu säugen, und man gewöhnt sie auch schon früher mitunter an Milch und Semmel.

Mut; Porpax, Pack-an, Styrax, Lanzenschuh; Lonche, Lanze; Lochos, Rotte; Phrura, Wachposten; Phylax, Wächter; Taxis, Reihe; Xiphos, Schwert; Phonax, Würger; Phlegron, Brenner; Alke, Kraft; Teuchon, Faß-an; Hyleus, Waldmann; Medas, Merk-auf, Porthon, Räuber; Sperchon, Treiber; Orge, Eifer; Bremon, Brummer; Hybris, Übermut; Thallon, Blühend; Rome, Stärke; Antheus, Blume; Hebe, Jugend; Getheus, Fröhlich; Chara, Freude; Leuson, Brillant; Augo, Strahl; Polys, Viel; Bia, Gewalt; Stichon, Bergan; Spude, Eifer; Bryas, Springer; Oinas, Weinstock; Sterros, Starrer; Krauge, Schrei; Kainon, Töter; Tyrbas, Störer; Sthenon, Starker; Aether, Luft; Aktis, Strahl; Aechme, Lanzenspitze; Noes, Spürer; Gnome, Verstand; Stibon, Tritt-auf; Horme, Stürmer.

Auf die Jagd führe man die jungen Hunde, und zwar die weiblichen nicht vor dem zehnten Monat (bzw. die weiblichen im achten, die männlichen im zehnten Monat): auf die Lagerspuren aber löse man sie nicht, sondern halte sie an langen Leinen, und folge den spürenden Hunden, indem man sie auf der Spur suchen läßt. Auch wenn der Hase aufgetan ist, löse man die jungen Hunde nicht sogleich, falls sie der Gestalt nach zum Lauf gut sind. Ist aber der Hase so weit voraus, daß sie ihn nicht mehr sehen; dann lasse man die Hunde los. Denn wenn man solche, die schön zum Lauf gebaut und mutig sind, aus naher Entfernung löst; so werden sie, den Hasen in Sicht, vor lauter Anstrengung sich verschlagen, weil ihr Körper noch nicht gehörig erstarkt ist. Da muß also der Jäger sehr auf der Hut sein. Bei denen aber, die weniger gut zum Lauf gebaut sind, steht dem Loslassen nichts im Wege, denn da sie bald am Fangen verzweifeln, wird ihnen das nicht widerfahren. Auf den Laufspuren dagegen lasse man sie fortsuchen, bis sie den Hasen fangen, und den gefangenen gebe man ihnen zum Würgen. Wenn sie nicht mehr bei den Fallnetzen bleiben wollen, sondern davon weglaufen; so halte man sie zurück, bis sie gewohnt sind, den Hasen nachjagend zu fangen. Wird dieser nicht immer auf die gehörige Weise von ihnen gesucht: dann fangen sie irgendwann an zu schwärmen[67]; eine üble Gewohnheit! Man gebe ihnen aber, so lange sie jung sind, ihr Futter neben den Fallnetzen, wenn diese aufgenommen werden, damit sie, falls sie aus Mangel an Erfahrung auf dem Jagdplatz umherschwärmen, dahin wieder glücklich sich zurückfinden. Sie werden das übrigens unterlassen, sobald sie sich gegen das Wild auf den Kriegsfuß gesetzt haben, und werden ihre Aufmerksamkeit mehr diesem zuwenden, als um jenes sich bekümmern. Auch muß in der Regel der Jäger selbst den Hunden ihr Futter geben: denn wenn sie ein Bedürfnis fühlen, wissen sie nicht, wer daran schuld ist; wenn sie aber bekommen, auf was sie gierig warten, so gewinnen sie den Geber lieb.

---

[67] „Schwärmen" nennt man es, wenn Hühnerhunde unvorsichtig und vom Jäger zu weit entfernt im Feld umhersuchen.

8. Kapitel.

Die Hasen spüre man auf, wenn Gott hat schneien lassen, so daß der Erdboden zugedeckt ist; sind jedoch schwarze Stellen vorhanden, so hat die Suche ihre Schwierigkeit. Wenn es aber darauf schneit, und der Nordwind weht; so bleiben die Spuren außerhalb lange Zeit merkbar: denn sie schmelzen nicht schnell zusammen; nur kurze Zeit dagegen, wenn Südwind herrscht und die Sonne drauf scheint: denn sie zerschmelzen rasch. Wenn es aber anhaltend schneit, so ist nichts zu machen, denn das deckt zu; und ebensowenig, wenn ein starker Wind geht, denn der weht den Schnee zusammen, und macht sie unsichtbar.

Mit Hunden gehe man nicht auf solche Jagd: denn der Schnee brennt die Hunde in der Nase und den Läufen, und verwischt die Witterung des Hasen wegen der allzu starken Kälte. Vielmehr greife man zu den Stellnetzen, nehme noch jemand mit sich, streife von den Fruchtfeldern gegen die Berge zu, und sobald man die Spuren aufgenommen hat, suche man darauf fort. Sind sie aber verschlungen, so daß sie in sich selbst wieder zurücklaufen, so umgehe man solche in Kreisen, und suche, wohin sie auslaufen. Der Hase schweift viel umher, in Ungewißheit wegen des zu nehmenden Lagers; zugleich pflegt er auch mit List seine Fährte zu verhehlen, weil er stets nach seinen Spuren verfolgt wird. Sobald die Spur aber ausgemacht ist, so gehe man vorwärts. Sie wird entweder zu einer bedeckten Stelle oder zu einem Abhang führen, denn die Winde führen den Schnee über solche weg. Es bleiben somit (dem Hasen) viele zum Lager geeignete Punkte, und einen solchen sucht er.[68] Führt nun die Spur zu einem solchen Punkte, so gehe man nicht nahe hinzu, damit er nicht rege gemacht wird; sondern umkreise ihn, denn es ist zu erwarten, daß er dort sitzen werde. Sie wird zur Gewißheit werden, denn in diesem Fall geht die Spur aus solchen Orten nirgends heraus. Hat man sich vergewissert, daß er da sitzt, so lasse man ihn, denn er wird sitzen bleiben. Man suche dafür einen anderen auf, ehe die Spuren unsichtbar werden, behalte aber dabei die Tageszeit im Auge, daß, falls man noch einige aufspürt, auch der Rest (des Tages) zum Umstellen ausreiche. Wenn es dazu kommt, so richte man um jeden einzelnen die Stellnetze fängisch ganz auf dieselbe Weise, wie an den schwarzen Stellen, indem man ihn in seinem jeweiligen Lager rings umstellt, und sobald sie gerichtet sind, trete man hinzu und stoße den Hasen auf. Sollte er sich aber aus den Stellnetzen herauswinden, so folge man ihm auf der Spur; er wird an andere ähnliche Stellen gelangen, falls er nicht etwa in den Schnee sich drückt. Man sehe sich demnach um, wo er etwa sitzen mag, und umstelle ihn. Hält er aber nicht an, so setze man ihm nach; denn er wird auch ohne die Stellnetze sich fangen lassen: bald nämlich ermattet er wegen der Tiefe des

---

[68] Wo eine Erhöhung des Bodens oder sonst ein Gegenstand den Windstrich abhält, da nennt man es „Überwind", und alles Wild hält sich gern im Überwind auf, zumal wenn es kalt und die Witterung stürmisch ist.

Schnees, und weil sich ihm unten an den behaarten Läufen eine große Masse anhängt.

9. Kapitel.

Für die Hirschkälber und die Hirschkühe muß man indische Hunde haben: denn sie sind stark, groß, schnellfüßig und nicht ohne Mut, womit sie dafür geschaffen sind, Anstrengungen zu ertragen. Die neu gesetzten Kälber jage man im Frühjahr, denn um diese Jahreszeit[69] kommen sie zur Welt. Zuvor aber gehe man aus auf die Weideplätze, und sehe sich um, wo die meisten Tiere sich befinden. An diesen Ort nun, wo sie sich befinden, begebe sich der Jäger mit den Hunden und mit Wurfspießen noch vor Tagesanbruch.[70] Die Hunde binde er in einiger Entfernung an Bäume, damit sie nicht beim Erblicken der Tiere Laut ausgeben, er selbst aber begebe sich auf die Lauer. Mit dem Tage wird er sie ihre Kälber an den Ort führen sehen, wo jedes das seinige sich niedertun lassen will. Nachdem sie dieselben niedergetan, ihnen Milch gegeben, und sich umgeschaut haben, ob sie nicht von

---

[69] Die Brunftzeit des Rotwildes fällt in den September bis Mitte Oktobers, und das Tier setzt demnach ausgangs Mai und anfangs Juni, nach 38 bis 40 Wochen, ein, selten zwei Kälber, die nach einigen Tagen schon der Mutter folgen.

[70] Gegen Abend steht das Rotwild auf, zieht eine Zeitlang auf den begrasten Plätzen in der Dickung umher und tritt dann meist erst in der Dämmerung hervor, um die jungen Schläge, Wiesen und Felder zu besuchen, und sich dort während der Nacht satt zu äsen. Gewöhnlich eilt es mit der Morgendämmerung wieder zu Holz.

jemand gesehen werden; bewacht jedes das seinige, indem es sich gegenüber begibt. Sobald er dies wahrnimmt, muß er die Hunde lösen, die Wurfspieße zur Hand nehmen und auf das erste Kalb vorgehen, wo er es sich niedertun sah; dabei übrigens die Örtlichkeiten im Auge behalten, damit er nicht fehlgehe, denn diese stellen sich dem näher Kommenden ganz anders dar, als sie von Ferne geschienen haben. Sobald er es zu Gesicht bekommt, trete er näher. Es wird sich halten, auf die Erde niederdrücken, und unter lautem Schreien sich aufheben lassen, falls es nicht beregnet ist; ist aber dies der Fall, so wird es nicht sitzen bleiben: denn schnell wird die Feuchtigkeit, die es in sich hat, durch die Kälte verdichtet, und macht, daß es flieht. Gefangen wird es indes werden, wenn es von den Hunden hitzig verfolgt wird. Ist es gefangen, so gebe er es dem Netzwart. Es wird schreien; die Mutter aber, jenes sehend, dieses hörend, wird auf den, der es hält, losgehen und es ihm zu entreißen suchen. Jetzt ist es an der Zeit, die Hunde zu hetzen und von den Wurfspießen Gebrauch zu machen. Ist er aber mit diesem fertig; so gehe er auch auf die anderen los, und mache auf die in ganz gleicher Weise Jagd.

So werden die ganz jungen Hirschkälber gefangen; die schon stärkeren machen mehr Mühe: denn sie äsen mit den Müttern und anderen Hirschen, und fliehen, sobald sie verfolgt werden, meist in der Mitte, zuweilen vorne, selten hinten im Rudel. Die Tiere aber wehren sich für sie und treten die Hunde nieder. Sie sind daher nicht leicht zu fangen, wenn man nicht, sogleich eindringend, das Rudel trennt, so daß eines von ihnen abgesondert wird. Gehetzt auf dasselbe, werden im ersten Lauf die Hunde zurückbleiben, denn nicht bloß, daß die Abwesenheit der Tiere es im höchsten Grade furchtsam macht; auch die Flüchtigkeit der Kälber dieses Alters ist mit nichts zu vergleichen. Beim zweiten und dritten Lauf aber werden sie bald gefangen, denn ihre Körper sind noch zu jung, um der Anstrengung gewachsen zu sein.

Auch Fußfallen legt man den Hirschen auf den Bergen, auf den Wiesen, an den Gewässern, in den Tälern an den Wechseln, auch auf bebautem Land, wohin sie nur immer ziehen mögen. Diese Fußfallen müssen aus (Ruten von) Eibenholz geflochten sein, und zwar ohne Rinde, damit sie nicht faulen; sie müssen wohlgerundete Kränze haben, und abwechselnd eiserne sowohl als hölzerne Nägel, welche in das Geflecht eingeflochten sind; die eisernen jedoch größer, damit sie, während die hölzernen dem Fuß nachgeben, ihrerseits denselben festhalten. Die Schlinge des Stricks, der auf den Kranz zu liegen kommt, muß aus Pfriemenkraut geflochten sein, so wie auch der Strick selbst, denn dieses ist der Fäulnis am wenigsten unterworfen. Die Schlinge sei fest, wie auch der Strick; der daran geknüpfte Pflock aber von der Sommer- oder Wintereiche, drei Spannen lang, mit der Rinde ein Handbreit dick. Zum Legen der Falle hebe man den Boden fünf Handbreit tief aus, und zwar kreisförmig, und oben gleichweit mit dem Kranze der Falle, nach unten aber allmählich sich verengend. Auch für den Strick und den Pflock hebe man so viel Erde aus, als für beide zum Lager erforderlich ist. Ist dies geschehen, so lege man unten in die Vertiefung die Falle, dem Boden gleich; auf dem Kranze herum aber die Schlinge des Stricks, welcher selbst nebst dem Pflock auf die für beide bestimmte Stelle zu liegen kommt. Den Kranz belege man mit Distelstengeln, welche nicht nach außen vorstehen und diese mit zarten Blättern, wie sie die Jahreszeit hervorbringt. Nach diesem schütte man Erde darauf, zunächst die oben aus den Gruben ausgehobene, und darüber festen Erde aus einiger Entfernung, um dem Tier die Stelle möglichst unmerklich zu machen: die übrige Erde schaffe, man weit von der Falle weg; denn sobald das Wild wittert, daß sie frisch ausgeworfen ist, wird es stutzig, und dies geschieht leicht.[71] Nachsehen muß man in Begleitung der Hunde, und zwar nach den auf den Bergen gelegten zumeist am Morgen, jedoch auch sonst den Tag über; auf dem bebauten Land dagegen in aller Frühe. Denn auf den Bergen werden sie nicht bloß während der Nacht gefangen, sondern auch bei Tag wegen der Einsamkeit; auf dem bebauten Land hingegen bei Nacht, weil sie den Tag über den Menschen scheuen. Findet man die Falle umgeworfen, so löse man die Hunde und spreche ihnen zu und folge auf der Spur des geschleiften Pflockes, indem man achtgebe, wohin er geschleppt wird; und das wird in der Regel un-

---

[71] Stutzen nennt man es, wenn ein Wild plötzlich stehen bleibt, weil es Gefahr fürchtet. Nach dem Stutzen wird es gewöhnlich flüchtig, wenn es sich nicht sicher glaubt.

schwer zu merken sein: denn es werden nicht nur die Steine aus ihrer Stelle gerückt, sondern auch die Spuren des nachgeschleppten Pflockes auf dem bebauten Land sichtbar sein; wenn es aber durch rauhe Strecken geht, so wird die abgestreifte Rinde des Pflockes an den Felsen sich finden, und dadurch die Verfolgung erleichtert werden. Wenn nun der Hirsch sich am Vorderlauf gefangen hat, so wird er rasch eingeholt: denn beim Flüchten schlägt der Pflock gegen den ganzen Körper und ins Gesicht; wenn am Hinterlauf, so ist der nachgeschleppte Pflock dem ganzen Körper hinderlich, und zuweilen verhängt er sich auch beim Nachschleppen zwischen gabelförmigem Gehölz, und der Hirsch wird, falls er nicht den Strick zerreißt, dort festgehalten. Man darf aber, wenn er auf diese Weise, oder der Anstrengung erliegend, gefangen ist, falls es ein männlicher Hirsch sein sollte, nicht nahe hinzugehen, denn er haut mit dem Geweih und den Läufen. Man gebrauche deshalb aus der Ferne den Wurfspieß.

Übrigens werden sie zur Sommerszeit auch ohne Fußfalle auf der Hatz gefangen: denn sie ermatten sehr, so daß sie stehen bleiben und mit dem Wurfspieß erlegt werden. Sie springen auch, wenn sie getrieben werden, ins Meer und ins Wasser, falls sie keinen anderen Ausweg haben. Zuweilen fallen sie, weil ihnen der Atem ausgeht.

10. Kapitel.

Zur Jagd auf Schwarzwild muß man indische, kretische, lokrische, lakonische Hunde, Fallnetze, Wurfspieße, Fangeisen und Fußfallen haben. Fürs erste nun dürfen Hunde dieser Art nicht die nächstbesten sein, wenn sie bereit sein sollen, den Kampf mit dem Wild zu bestehen. Die Fallnetze aber, aus demselben Lein, wie die für die Hasen, müssen fünfundvierzigfädig sein aus drei Strängen von je fünfzehn Fäden, vom oberen Saum an zehn Knoten hoch, die Maschen einen Fuß[72] drei Zoll[73] weit und die Leinen anderthalbmal so dick wie die Fallnetze, und diese an den Zipfeln Ringe haben. Man ziehe die Leinen in die Maschen ein, das Ende derselben aber gehe nach außen durch die Ringe. Fünfzehn Fallnetze genügen. Die Wurfspieße müssen verschiedener[74] Art sein, und sehr breite und haarscharfe Klingen und feste Schäfte haben. Die Fangeisen (oder Schweinsfedern) sollen einen Fuß drei Zoll lange Federn, um die Mitte der Hülse angeschweißte, feste Knebel und speerdicke Schäfte aus Hartriegelholz haben. Die Fußfallen seien gleich denen für die Hirsche. Übrigens muß man zu solcher Jagd Gehilfen haben, denn das Tier läßt sich selbst von vielen nur mit Mühe fangen.

---

[72] 1 Fuß = ca. 30,00 cm.

[73] 1 Zoll = ca. 2,5 cm.

[74] D. h. verschieden an Länge, Stärke und Schwere.

Ich werde nun auch näher nachweisen, wie man von dem allem bei der Jagd im einzelnen Anwendung zu machen hat.

Zunächst gilt es, sobald die Jäger in der Gegend angekommen sind, wo sie das Wild vermuten, dasselbe anzuregen. Dazu lösen sie einen der Lakonischen Hunde, und gehen, während sie die übrigen angekoppelt halten, mit ihm umher. Wenn der vorspürende Hund die Fährte angenommen hat, folgt die Jagdgesellschaft in einer Linie, die Vorsuchenden begleitend. Auch die Jäger werden viele Zeichen des Wildes erblicken, auf weichem Boden die Fährten, in Dickichten abgebrochene Ästchen, und wo Bäume sind, Schläge der Hauzähne (des Gewerfes).[75] Der Hund aber wird in der Regel auf der Fährte an einen waldigen Ort gelangen; denn an solchen Plätzen hat das Schwarzwild gewöhnlich sein Lager; im Winter nämlich sind sie warm, im Sommer kühl. Sobald er vor dem Lager ankommt, gibt er Laut; die Sau aber steht in der Regel nicht auf. Man muß nun den Hund nehmen und ihn samt den anderen weit weg vom Lager anbinden, und die Fallnetze an den Wechseln richten, indem man die Maschen auf gabelförmige

---

[75] Bekanntlich heißen in der Jägersprache die 3-4 Zoll langen krummen Zähne in der unteren Kinnlade des Keilers, oder männlichen Wildschweines, das Gewerf, oder Gewehr. Und schlagen nennt man es, wenn ein wildes Schwein den Jäger oder Hund oder Seinesgleichen verwundet.

Fangstangen aus grünem[76] Holz hebt: am Netz selbst aber muß man eine weit vorgehenden Vorwölbung herrichten und dieselbe innen auf beiden Seiten durch Ästchen als Sprießen unterstützen, damit die Lichtstrahlen so gut als möglich durch die Maschen einfallen können, und so das Innere dem anrennenden Tiere möglichst hell erscheine. Auch muß man die Leine an einem starken Baum anlegen, und nicht an eine Stange (schwaches Bäumchen); denn diese werden an unbestandenen Orten durch die Leine niedergezogen. Neben jedem Netz versperre man mit Holz auch diejenigen Stellen, wohin das Tier nicht zu wechseln pflegt; damit es, ohne auszuweichen, in die Netze laufe. Sobald die Netze gestellt sind, müssen die Jäger nach den Hunden gehen und sie alle lösen, und sich, mit den Wurfspießen und Fangeisen in der Hand, vorwärts in Bewegung setzen. Den Hunden zusprechen soll nur einer, der erfahrenste; die anderen müssen in aller Stille folgen, und große Zwischenräume zwischen sich lassen, damit für das Tier gehörig Platz zum Durchbrechen bleibe. Stößt es nämlich beim Umwenden auf dicht beieinander stehende Jäger: so sind sie in Gefahr geschlagen zu werden; denn die Sau pflegt ihre Wut an demjenigen auszulassen, welcher ihr in den Weg kommt. Die Hunde fahren, nachdem sie sich dem Lager genähert haben, auf dasselbe los. Das Schwein steht beunruhigt auf, und wirft diejenigen

---

[76] Grün, damit nämlich die Sauen nicht durch einen ungewohnten Gegenstand stutzig gemacht werden.

Hunde in die Höhe, welche es von vorn angreifen. Setzt es sich in Lauf, so wird es in das Netz geraten, wo nicht, so bleibt nichts übrig, als ihm nachzusetzen. Ist der Ort abschüssig, an welchem es sich im Netz verfängt, so wird es bald aufstehen; ist er eben, wird es sogleich aufstehen, und seine Befreiung versuchen. In diesem Augenblick werden die Hunde anpacken; die Jäger aber mit aller Vorsicht Wurfspieße und Steine nach dem Keiler schleudern, indem sie ihn von hinten und zwar in ziemlicher Entfernung umstehen, bis er, sich vordrängend, die Leinen des Garns anspannt. Hierauf muß der erfahrenste und seiner selbst Sicherste unter den Anwesenden auf den Kopf vorgehen und ihn mit der Schweinsfeder abfangen. Wenn er aber trotz der Spieß- und Steinwürfe die Leinen nicht anspannen will, sondern loslassend sich herumwirft und an die Herankommenden gehen will; so bleibt nichts übrig, als, sobald er dazu Anstalten macht, dem Keiler mit der Schweinsfelder entgegenzugehen. Man halte den Jagdspieß mit der linken Hand vorn, mit der anderen hinten; denn die linke richtet ihn, die rechte verstärkt den Stoß. Vorwärts folge der linke Fuß der gleichnamigen Hand, sowie der rechte der anderen. Im Vorgehen aber halte man die Schweinsfeder vor, und schreite dabei nicht viel weiter aus als beim Ringkampf, indem man die linke Seite nach der linken Hand dreht; zugleich schaue man dem Tier ins Auge und habe wohl acht auf die Bewegung, die es mit seinem Kopf macht. Man lege aber die Schweinsfeder mit aller Vorsicht aus, damit der Keiler sie nicht durch die ausweichende Wendung des Kopfes aus der Hand schlage: denn der Wucht des Schlages folgt er selbst nach. Wem dies widerfährt, der muß sich auf das Gesicht niederwerfen und am Gehölz unter sich festhalten: denn das Tier kann, wenn es ihn in solcher Lage angeht, wegen der Krümmung seiner Hauzähne den Körper nicht von unten fassen: wenn es ihn dagegen in aufrechter Stellung (annimmt), so wird er unausbleiblich geschlagen werden. Deswegen versucht der Keiler auch den Liegenden aufzurichten; gelingt ihm dies nicht: dann tritt er, indem er um ihn herumgeht. In solcher Not gibt es nur ein einziges Rettungsmittel: daß nämlich einer von den Jagdgenossen mit einem Fangeisen in der Hand nahe herantritt, und ihn reizt, als ob er werfen wollte. Werfen aber darf er nicht, damit er nicht den am Boden Liegenden treffe. Dies sehend, wird der Keiler den, welchen er unter sich hat, verlassen, und sich voll Zorn und Wut gegen den wenden, welcher ihn reizt. Jener aber muß flugs aufspringen; darf jedoch nicht vergessen, das Fangeisen mit aufzunehmen: denn ehrenvoll ist die Rettung nur für den Sieger. Er muß nämlich wieder ganz auf dieselbe Weise auslegen, und vom Schulterblatt einwärts gegen die Stelle, wo die Kehle ist, vorhalten und sich entgegenstemmend recht fest heben. In seiner Wut geht er vor, und wenn nicht die Knebel an der Feder es hinderten, so würde er, am Schaft sich vordringend, bis an den Mann herankommen, der das Fangeisen hält. So groß ist nämlich seine Kraft, daß er sogar Eigenheiten an sich hat, die man nicht glauben sollte:

z. B. wenn man dem eben verendeten Tier Haare auf einen der Hauer legt, so kräuseln sie sich, so heiß sind dieselben; am lebenden aber, wenn es gereizt wird, sind sie ganz glühend: denn sonst würde es den Hunden bei einem Fehlschlag gegen den Körper nicht die Spitzen der Haare versengen.

So viel und noch mehr macht der Fang des Keilers zu schaffen. Ist aber eine Bache ins Garn geraten, so muß, wer zum Abfangen anläuft, sich in acht nehmen, daß er nicht gestoßen werde und falle. Sollte ihm das widerfahren, so wird er unausbleiblich getreten und gebissen werden. Freiwillig darf man sich daher nicht niederwerfen, ist man aber unwillkürlich in diese Lage gekommen, so geschieht das Wiederaufstehen immer ganz so, wie unter dem Keiler. Nach dem Aufstehen aber muß man mit dem Fangeisen zustoßen, bis die Bache erlegt ist.

Eine andere Fangart ist auch folgende. Man stellt Fallnetze beim Durchgang durch Schluchten auf, in Wäldern, in Tälern, an wilden Orten, wo die Zugänge zu den Weideplätzen, den Sümpfen und Gewässern sind. Der dazu Bestellte hütet die Netze, das Fangeisen in der Hand. Die anderen gehen mit den Hunden vor, indem sie die lohnendsten Striche absuchen. Sobald das Tier aufgespürt ist, wird es gehetzt. Wenn es nun in das Garn fällt, so nimmt der Netzwart das Fangeisen auf und verhält sich auf die oben beschriebene Weise; fällt es aber nicht ein, so setzt man ihm nach.

Gefangen wird es übrigens auch, wenn es bei über-großer Hitze von den Hunden verfolgt wird, denn trotz einer überlegenen Stärke ermattet das Tier, weil es außer Atem kommt. Freilich finden auf solcher Jagd viele Hunde ihren Tod, und die Jäger selbst setzen sich Gefahren aus. Wenn sie indes beim Nachsetzen genötigt sind, dem ermatteten Tier mit dem Fangeisen auf den Leib zu rücken, während es entweder im Wasser steckt, oder an einen Abhang sich zurückgezogen hat, oder aus einem Dickicht nicht heraus will, wo also weder ein Netz noch sonst etwas dasselbe hindert, den Nahekommenden anzunehmen; so müssen sie sich ihm trotz der Gefahr nähern, und den Mut zeigen, welcher sie bewog, sich der Leidenschaft für diese Jagd hinzugeben. Zu halten ist es dabei mit dem Fangeisen und dem Auslegen des Körpers so, wie oben angegeben worden ist: denn sollte einem auch etwas zustoßen, so wird es wenigstens nicht deswegen geschehen, weil er sich nicht kunstgerecht benommen hat.

Das Stellen der Fußfallen ist für die Sauen ganz dasselbe, wie für die Hirsche, auch in Beziehung auf die Örtlichkeiten, und ebenso ist es mit dem Nachsehen, Verfolgen, Anlaufen und Handhaben des Fangeisens.

Die Frischlinge[77] zu fangen ist schwierig: so lange sie nämlich klein sind, trifft man sie nicht allein. Fin-

---

[77] Die Frischlinge bleiben mehrere Tage im Lager oder Kessel, bis sie Kraft genug haben, der Mutter aufs Geäs zu folgen, die sie nun mit aller möglichen Vorsicht führt, durch leises Grunzen, wenn es nötig ist, herbeilockt, und gegen aufstoßende Feinde mutig verteidigt, ohne die eigene Gefahr zu scheuen.

den sie die Hunde, oder sehen sie Gefahr vorher, verbergen sie sich schnell im Gebüsch. Meistens folgen ihnen die Alten beide, diese sind alsdann wild, und kämpfen hartnäckiger für die Jungen als für sich selbst.

11. Kapitel.

Löwen, Leoparden, Luchse, Panther, Bären und alle sonstigen Tiere dieser Ordnung werden in fremden Ländern gefangen, auf dem Pangäischen[78] Gebirge, und dem Kissus[79] in Makedonien, teils auch auf dem Mysischen Olymp[80] und dem Pindus[81], sowie gleichfalls auf dem Nysa[82] oberhalb Syrien und auf anderen Gebirgen, welche zum Fortkommen solcher Tiere geeignet sind. Gefangen werden sie zum Teil auf den Gebirgen wegen der für die Jagd ungünstigen Örtlichkeit durch Gift vom Eisenhut.[83] Dieses legen die Jäger,

---

[78] Gebirge in Makedonien an der Grenze von Thrakien zwischen dem Strymon und Nestus, berühmt durch seine Gold- und Silbergruben

[79] Gebirge in Chalkidike im südlichen Makedonien, unfern von Thessaloniki.

[80] Bergkette in Mysien, Fortsetzung des Taurus und höchster Bergrücken im westlichen Asien.

[81] Hauptgebirge des nördlichen Griechenlands, Westgrenze Thessaliens gegen Epirus.

[82] Ein sonst nicht genannter Berg, wahrscheinlich irgendein Ausläufer des Taurus. Xenophon vielleicht bekannt vom Feldzug unter Kyrus her.

[83] Die bekannte Giftpflanze Akonitum, Sturm- oder Eisenhut, im Altertum berüchtigt, und von Plinius für das am schnellsten wirkende Gift erklärt, mit der Bemerkung, daß es auch Pardelianches,

nachdem sie es mit dem Lieblingsfraß eines jeden zusammengemischt haben, an die Gewässer und wohin sonst das Tier wechselt. Zum Teil werden sie, wenn sie nachts ins ebene Feld herabrücken, zu Pferde und mit Waffen gejagt, nachdem man ihnen den Rückweg abgeschnitten hat, sie sind in diesem Fall den Angreifern gefährlich. Zuweilen macht man ihnen auch runde, große und tiefe Gruben, in welchen man eine Säule von Erde stehen läßt. Auf diese pflegt man nun gegen Nacht eine Ziege zu stellen, die man anbindet, und die Grube mit Holz rings zu umzäunen, so daß man sie von nirgends her sehen kann, indem man keinen Eingang läßt. Die Tiere nun, welche die Stimme in der Nacht hören, laufen rings um die Einzäunung herum, und wenn sie keinen Zugang finden, springen sie darüber weg und sind gefangen.

12. Kapitel.

Über das zur Ausübung der Jagd Erforderliche selbst habe ich mich erklärt. Diejenigen, welchen sie Vergnügen macht, werden vielfachen Nutzen davon haben. Sie werden dadurch ihre Gesundheit fördern, Sehvermögen und Gehör schärfen, und später altern; namentlich aber ist sie eine Vorschule für den Dienst im Krieg. Zum einen werden sie unter den Waffen auf beschwerlichen Märschen nicht erliegen: denn sie werden die Strapazen aushalten, weil sie gewohnt sind,

---

d. i. Pantherwürger, genannt werde, weil man die Panther durch damit bestrichene Fleischstücke töte.

mittelst solcher die Tiere zu fangen. Sodann werden sie auf hartem Boden gut schlafen können, und auch, wo sie hingestellt werden, gute Wächter sein. Beim Anmarsch gegen den Feind werden sie imstande sein, zu gleicher Zeit drauf zu gehen und die Befehle zu vollziehen, eben, weil sie in gleicher Weise auch auf eigenen Antrieb das Wild fangen. Und ins Vordertreffen gestellt, werden sie Reih und Glied nicht verlassen, weil sie herzhaft auszudauern vermögen. Bei der Flucht der Feinde werden sie, wegen ihrer Übung, den Gegner in jeder Gegend unfehlbar verfolgen. Bei einer Schlappe, die das eigene Heer erleidet, werden sie imstande sein, in waldigen, abschüssigen oder sonst schwierigen Gegenden auf ehrenhafte Weise sich selbst und auch andere zu retten. Denn die Gewohnheit verschafft ihnen größere Erfahrung. Und wirklich haben schon manche solcher Männer, nachdem die große Masse ihrer Kameraden in die Flucht geschlagen war, dank ihrer Beherztheit und Geistesgegenwart, den auf ungünstigem Boden sich bloßstellenden Feind, der bereits den Sieg in Händen hatte, durch Wiederaufnahme des Kampfes zum Weichen gebracht: denn immer ist das Glück denen hold, die tüchtig sind an Körper und Geist.

Auch unsere Vorfahren wußten, daß ihr Glück gegen die Feinde darin einen Grund habe, und haben deshalb besondere Rücksicht auf die Jugend genommen. Sie haben nämlich, obgleich von jeher Mangel an Feldfrüchten leidend, dennoch verordnet, daß die Jäger wegen nichts, was von Gewächsen auf dem Erdboden steht, am Jagen gehindert sein sollen, und zudem, daß innerhalb vieler Stadien[84] nicht bei Nacht gejagt werden dürfe[85] damit nicht das daselbst befindliche Wild von Leuten weggerafft würde, welche die Sache gewerbsmäßig betreiben. Denn sie sahen, daß von allen Vergnügungen der Jugend diese allein das meiste Gute im Gefolge habe. Sie macht sie ja nicht nur maß-haltend, sondern auch gerecht durch die in der Schule der Wirklichkeit gewonnene Bildung – und daß sie ihr Glück im Krieg solchen Männern verdankten, merkten sie wohl –, während sie ihr keines der sonstigen, edleren Bildungsmittel, zu dem sie etwa Lust hat, verleidet, wie andere gewöhnliche Liebhabereien, die man nicht zu lernen braucht. Aus solchen Männern werden daher sowohl gute Soldaten als Feldherrn. Denn diejenigen, welche durch körperliche Anstren-gungen vor allem Ehrlosen und Frevelmütigen nach Seele und Leib verwahrt, im Tugendeifer aber geför-dert werden, das sind die Besten[86]: die nämlich werden nicht ruhig zusehen, wenn ihrem Staat Unrecht ge-schieht oder ihr Land verwüstet wird.

Indes wollen einige behaupten, man dürfe sich der Jagdliebhaberei nicht hingeben, damit man nicht sein Hauswesen vernachlässige. Sie wissen nicht, daß dieje-nigen, die sich um Vaterland und Freunde verdient

---

[84] 1 Stadion = ca. 185,00 m.

[85] Das Jagen zur Nachtzeit war in der Nähe von Athen verboten, weil das Wild dadurch zu sehr beunruhigt wurde.),

[86] Nämlich im antiken Sinne die besten Bürger, Aristokraten im wahren Sinne des Wortes.

machen, insgesamt ihre häuslichen Angelegenheiten besser besorgen. Wenn nun die Jagdfreunde sich in den Stand setzen, dem Vaterland in den höchsten Angelegenheiten sich nützlich zu machen; so werden sie wohl auch ihre eigenen nicht verwahrlosen, denn mit dem Staat steht oder fällt das Hauswesen eines jeden, so daß solche Männer neben dem Ihrigen auch das Eigentum der übrigen Bürger wahren. Aber viele von denen, die so sprechen, wollen, von Neid verblendet, lieber durch die eigene Schlechtigkeit zugrunde gehen, als durch die Tüchtigkeit anderer sich retten lassen. Denn die meisten Sinnengenüsse sind auch schlecht, und im Bann derselben werden sie, sei es in Wort oder in Tat, zu noch schlechteren Dingen hingetrieben. So ziehen sie dann wie durch ihre leichtfertigen Reden sich Feindschaften, und durch ihre schlechten Handlungen nicht nur sich, sondern auch ihren Kindern und Freunden Krankheiten und Strafen und Tod zu, indem sie unempfindlich gegen die schlimmen Folgen sind, aber mehr als andere empfänglich für die sinnlichen Genüsse. Wer möchte wohl von solchen Männern etwas zum Heil des Staates erwarten? Vor diesen Übeln aber wird jeder bewahrt, der liebgewinnt, was ich empfehle: denn eine gute Erziehung lehrt sich an das Rechte halten und über das, was recht ist, reden und reden hören. Diejenigen Männer nun, die sich dazu hergeben, mühevoll zu lernen und sich belehren zu lassen, sind ein Segen für ihre Staaten. Diejenigen aber, die sich des Mühsamen halber nicht belehren lassen, sondern in unziemlichen Vergnügungen dahinleben wollen, das sind von Haus aus die Schlechtesten. Denn sie lassen sich weder von Gesetzen noch von guten Grundsätzen leiten; bekommen sie ja doch in ihrer Arbeitsscheu keinen Begriff von dem, was den rechtschaffenen Mann ausmacht, so daß sie weder fromm noch weise sein können. Befangen in ihrem Mangel an Bildung, tadeln sie heftig die Gebildeten. Nun, unter solchen Händen kann nichts gedeihen; von den Besseren aber sind alle Segnungen für die Menschheit ausgegangen. Bessere nun sind die, welche die Arbeit nicht scheuen. Auch ist das durch ein großes Beispiel nachgewiesen. Unter den Alten näm- lich haben jene oben erwähnten Schüler Cheirons, in ihrer Jugend mit der Jagd beginnend, viele schöne Kenntnisse erworben und infolge davon eine Höhe der Tugend erstiegen, wegen welcher sie auch heute noch bewundert werden. Daß solcher (Tugend) zwar alle Welt huldigt, ist offenkundig; weil sie aber nur durch mühevolle Arbeit zu erlangen ist, so sehen die meisten davon ab. Denn der Erwerb[87] derselben liegt im

---

[87] Nach der gleich folgenden Ausführung meint Xenophon, wenn die Tugend gleich fix und fertig vor einem stünde, so würde man sich ihr mit Vergnügen in die Arme werfen; da sie aber nur am Ende einer sauren Arbeit erscheint, also von vorneherein unsicht- bar ist; so wendet man ihr um der Mühen willen, die zu ihr führen, den Rücken. Er setzt also den Weg zu ihr dem Ziel, den Anfang dem Ende gegenüber. Hier ist also wohl, wie das zutage liegende und sichtbare der Weg und seine Mühe ist, so das unsichtbare und im Vergangenen liegende das Ziel oder der Ge- winn der Mühe, der Erwerb der Tugend: d. h. daß (nicht ob) sie erworben wird auf dem Wege der Bildung, sieht man nicht, usw.

verborgenen; aber die damit verbundene Mühe und Arbeit liegt deutlich am Tage. Vielleicht nun, wenn sie leibhaft sichtbar wäre[88], würden die Menschen die Tugend weniger vernachlässigen, im Gedanken, daß, wie sie ihnen sichtbar ist, so sie selbst auch von ihr gesehen werden. Denn unter den Augen des Geliebten sucht jeder sich selbst zu übertreffen, und redet und tut nichts Entehrendes oder Schlechtes, damit jener es nicht sehe. Von der Tugend aber glauben sie nicht beobachtet zu werden, und darum tun sie ihr gegenüber allerhand Schlechtes und Schimpfliches, weil sie dieselbe nicht sehen. Sie aber, weil unsterblich, ist allgegenwärtig, und ehrt die, welche um ihretwillen gut sind, wie sie dagegen die Schlechten entehrt. Darum, wenn es ihnen zum Bewußtsein käme, daß die Tugend ihnen zuschaut, flugs würden sie die Schule besuchen, in welcher sie mühsam gewonnen wird, und ihrer sich zu bemächtigen suchen.

---

[88] Schon Plato sagte: „Der schärfste unserer Sinne für das Körperliche ist das Gesicht; allein die Weisheit kann es nicht sehen: drückte sich dem Auge ein deutliches Bild derselben ab, so würde es die heftigste Liebe in uns anfachen." Und Cicero schreibt: „Du siehst hier, mein Sohn, das eigentliche Urbild und gleichsam das Angesicht des Sittlich guten: könnte es auch für unser äußeres Auge sichtbar werden, so würde es, wie Plato sagt, die wunderbarste Liebe zu sich und zur Tugend in uns anfachen."

13. Kapitel.

Wundern aber muß ich mich über die sogenannten Sophisten[89], weil die meisten von ihnen behaupten, die Jünglinge zur Tugend anzuleiten, während sie dieselben zum Gegenteil anleiten. Denn wir haben noch nie einen Mann gesehen, welchen die jetzigen Sophisten tugendhaft gemacht hätten, noch haben sie Schriften aufzuweisen, nach deren Anleitung man tugendhaft werden müßte. Im Gegenteil, über nichtige Gegenstände ist von ihnen vieles geschrieben worden, wodurch die Jugend wohl für hohle Sinnenlust, nicht aber für die Tugend gewonnen werden kann. Unterhaltung gewähren sie sonst wohl denen, die umsonst etwas daraus zu lernen hofften; aber halten sie ab von anderen nützlichen Dingen und lehren sie Schlechtes. Ich tadle sie deshalb wegen dieses wichtigen Punktes in höherem Grade; in Beziehung auf ihre Schreibereien aber insofern, daß sie zwar ausgesuchte Redensarten enthalten, richtige Gedanken dagegen, durch welche die jungen Leute zur Tugend gebildet werden könn

---

[89] Die Sophisten, ursprünglich zur Zeit des Sokrates diejenige Klasse von Weisheitslehrern, welche die philosophische Forschung aus den Höhen der die objektive Wahrheit um ihrer selbst willen suchenden Spekulation herabzog in den Dienst des subjektiv praktischen Interesses, der allgemeinen Bildung und Aufklärung, wollten mit Verzicht auf objektives Wissen überhaupt zunächst Lehrer der Tugend, d. h. der politischen Tüchtigkeit sein, und waren darum zuletzt nur noch Lehrer der Redekunst, d. h. namentlich in ihrer späteren Periode der Kunst, über jeglichen Gegenstand sowohl für als wider zu reden.

ten, nirgends. Obgleich ein Ungebildeter, weiß ich dennoch, daß es am besten ist, von der Natur selbst sich das Gute lehren zu lassen, und danach, es vielmehr von denen zu lernen, welche in Wahrheit etwas Gutes wissen, als von solchen, welche die Kunst zu täuschen verstehen. Vielleicht ist daher, was ich sage, den Worten nach nicht kunstgerecht: ich versuche das auch nicht: was ich aber versuche, ist, richtig Erkanntes über das zu sagen, was Wohlerzogenen zur Tugend nottut. Denn Worte vermögen nicht wohl zu unterrichten, Sinnsprüche hingegen schon, wenn sie schön sind.

Es tadeln übrigens auch viele andere die jetzigen Sophisten – und nicht die Philosophen –, daß sie in den Worten weise seien, und nicht in den Gedanken. Zwar entgeht mir nicht, wie schön es ist, die Worte kunstvoll zu ordnen, denn sonst fällt es ihnen leichter, den unrechten Tadel hören zu lassen! Gleichwohl habe ich wenigstens so geschrieben, damit es recht herauskomme, und keine Sophisten, sondern weise und gute Menschen mache: denn ich will nicht, daß es mehr nützlich scheine, als es ist, damit es unwiderleglich[90] bleibe für immer. Die Sophisten aber reden, um zu täuschen, schreiben zu ihrem Vorteil, und nutzen niemand das Geringste; denn keiner von ihnen war oder ist weise. Vielmehr genügt es einem jeden Sophist genannt zu werden, was ein Schimpf ist, zumindest bei

---

[90] Das soll wohl heißen: daß selbst die Sophisten mit ihrer vielgepriesenen Kunst, ebenso gut wider, als für jeden Gegenstand reden zu können, nicht dagegen aufzukommen imstande wären.

Leuten von Verstand. Daher rate ich denn, vor den Lehren der Sophisten sich zu hüten, die sinnreichen Gedanken der Philosophen aber nicht zu verschmähen; denn die Sophisten machen auf reiche junge Leute Jagd, die Philosophen aber sind Gemeingut und Freunde für alle, und bemessen ihre Achtung und Mißachtung nicht nach dem Vermögensstand der Leute.

Weder ahme man denen nach, welche bei einzelnen, noch denen, welche beim Staat rücksichtslos ihren Vorteil verfolgen, und bedenke, daß die besten Bürger rühmlichst bekannt und arbeitsam sind; die schlechten dagegen von Leiden bedrängt und übel berüchtigt. Denn nachdem sie sich am Vermögen der einzelnen Bürger wie am Eigentum des Staates vergriffen haben, sind sie zu gemeinsamer Rettung untüchtiger als der gemeinste Mann; und körperlich keiner mühsamen Arbeit fähig, spielen sie im Krieg eine gar schlechte und schmähliche Rolle. Die Jäger dagegen überlassen ihren Mitbürgern für den öffentlichen Dienst ihre Körper und ihren Besitz in bestem Zustand. Die einen gehen dem Wild, die anderen den Freunden zu Leibe; und diese den Freunden zu Leibe gehenden Leute stehen bei aller Welt in schlechtem, die dem Wild zu Leibe gehenden Jäger dagegen in gutem Ruf. Denn glückt der Fang, so haben sie Feinde besiegt; miß- glückt er, so ernten sie dennoch Lob, einmal weil sie es mit Feinden der ganzen Bürgerschaft aufnehmen, und dann, weil sie weder jemandem etwas zuleide tun, noch aus Gewinnsucht ihre Gänge machen. Zudem werden sie durch ihre Bemühungen in vielem besser. Wie? das wollen wir zeigen.

Wenn sie sich nämlich nicht durch Anstrengungen, sinnreiche Erfindungen und vielen Eifer hervortun, möchten sie wohl kein Wild erlegen. Denn ihr Widerpart, der auf seinem eigenen Grund und Boden um sein Leben kämpft, leistet kräftigen Widerstand, so daß der Jäger sich umsonst abmüht, wenn er ihn nicht durch größere Tatkraft und große Klugheit überwältigt. Diejenigen nun, die im Staatsleben sich emporschwingen wollen, versuchen die Freunde zu überwinden; die Jäger dagegen die gemeinschaftlichen Feinde. Und die letzteren macht eben diese Übung gegenüber den anderen Feinden besser, die ersteren viel schlechter. Die einen gewinnen ihre Beute durch besonnenes Maßhalten, die anderen durch schimpfliche Frechheit. Schlechte Gewohnheiten und schmutzige Gewinnsucht können die einen verachten; die anderen können es nicht; die einen führen wohllautende, die anderen schmähliche Reden. Die einen freveln gegen die Götter, die anderen sind die gottesfürchtigsten Leute. Denn es heißt in alten Sagen, daß auch Götter diese Arbeit mit Freuden teils selber treiben, teils treiben sehen, und der Gedanke daran wird daher den Grund der Gottesfurcht und Frömmigkeit legen in den Jünglingen, die meinem Rat folgen, weil sie den Blick eines der Götter dabei auf sich gerichtet glauben. Solche aber werden ein Segen sein, für ihre Eltern, für ihr Vaterland, und für jeden einzelnen ihrer Mitbürger und Freunde. Brav sind übrigens nicht bloß die Männer geworden, welche das Weidwerk liebten, sondern auch die Frauen, welche die Göttin (Artemis, oder Diana) so begabte, wie Atalante, Prokris[91] und andere.

---

[91] Prokris, Tochter des Erechtheus, Königs von Athen und der Praxithea. Ihr Gemahl Kephalos, Sohn des Deion, Königs in Phokis, und der Diomeda, verwirft die Liebesanträge der Aurora unter Berufung auf die seiner Gattin feierlich gelobte Treue; läßt sich aber darauf ein, deren Treue auf die Probe zu stellen. Von Aurora in einen Fremden verwandelt und mit reichen Geschenken zur Bestechung versehen, naht er sich der Prokris und diese erliegt der Versuchung; flieht aber, sobald sie ihren Gatten erkannte, nach Kreta. Hier entdeckt sie sich der Artemis, oder Diana, und wird von dieser mit einem Hund und einem Speer beschenkt, die niemals ihre Beute verfehlen. In Jünglingstracht kehrt sie zurück und geht mit Kephalos auf die Jagd. Diesem will sie Hund und Speer auf sein Verlangen nur um den Preis seiner Liebe hingeben. Er sagt zu; sie entdeckt sich ihm nun und versöhnt sich mit ihm: doch immer noch eifersüchtig auf Aurora, belauscht sie ihn fortwährend auf seinen Jagdzügen, und als er eines Tages, von der Arbeit erhitzt, nach kühlender Luft ruft, und sie darin den Ruf nach einer Geliebten vermutet, kommt sie unvorsichtig so nahe, daß er, sie für ein Wild haltend, den unfehlbaren Speer nach ihr schleudert und sie tötet.

Arrian

Kynegetikus – Von der Jagd.

Inhalt.

35. Kapitel. Zeugnisse aus Homer, daß man den Erfindern der Geschäfte bei der Betreibung derselben opfern solle.

1. Kapitel.

Xenophon, Gryllus' Sohn, hat gezeigt, wie viel Gutes den Menschen aus dem Jagdwesen erwächst, und wie die von Cheiron in diesem Bildungsfach Unterrichteten den Göttern wert und durch ganz Griechenland hochgeehrt gewesen sind. Gezeigt hat er gleichfalls, inwiefern die Kenntnis des Jagdwesens der des Kriegswesens gleiche, in welchem Alter man an die Arbeit zu gehen habe, und welche körperliche und geistige Haltung dazu gehöre; ebenso was für Fall-, Stell- und Wegnetze man anzuschaffen, wie man dem Wild Fallen zu stellen, und welche Tiere mit der Falle zu fangen habe. Auch von den Hasen hat er gezeigt, welches ihre natürliche Beschaffenheit sei, wie sie äsen, wie sie sich lagern, wie man sie aufspüren müsse; ebenso von den Hunden, daß einige zum Spüren geschickt, und andere dazu schlecht seien, und wie man beide Arten teils nach ihrer Gestalt, teils nach ihrem Arbeiten zu beurteilen habe. Auch fehlt es nicht an Bemerkungen über die Jagd der Sauen, der Hirsche, der Bären und Löwen, wie sie durch Einsicht und List gefangen werden können. Was er nun aber in seinem Büchlein meines Erachtens übergangen hat, nicht aus Nachlässigkeit, sondern aus Unkenntnis der keltischen

Hunde- und der Skythischen sowie der Libyschen Pferderasse, das werde ich zeigen, der ich gleiches Namens mit ihm und aus derselben Stadt, auch von Jugend auf denselben Studien, der Jagd, der Feldherrnkunst und der Philosophie, ergeben bin; hat ja auch er das von Simon über die Reitkunst ungenügend Vorgetragene neu behandeln zu müssen geglaubt, nicht um mit Simon in die Schranken zu treten, sondern weil er es von Nutzen für die Menschheit erachtete.

2. Kapitel.

Daß er nichts wußte von der Rasse der keltischen Hunde, dafür bedarf es, glaube ich, gar keiner Beweise. Denn unbekannt waren die Völker Europas, so viele ihrer da wohnen, mit Ausnahme Italiens, soweit Griechen es inne hatten oder soweit sie Handels halber zur See damit verkehrten. Daß er aber auch keine andere Hunderasse kannte, welche der keltischen an Schnelligkeit gleichkommt, das läßt sich wohl aus dem Folgenden beweisen. Er sagt nämlich: „Alle Hasen, welche von Hunden gefangen werden, werden es trotz der natürlichen Gestaltung ihres Körpers oder durch Zufall." Wenn er aber freilich die keltischen Hunde gekannt hätte, so bin ich überzeugt, würde auch er von den Hunden die Ansicht gehabt haben, daß sie alle die Hasen, welche sie nicht im Lauf fangen, trotz der natürlichen Gestaltung oder durch Zufall nicht fangen; daß aber allen denen, welche körperlich gut gebaut und dem Feuer nach reiner Rasse sind, nicht wohl je ein Hase entkomme, wenn nicht ungünstiger Boden hindernd im Wege steht, oder ein bergendes Dickicht, oder eine schirmende tiefe Erdhöhle, oder ein die Flucht im verborgenen gestattender Graben.

Im weiteren, meine ich, setzt er des Näheren auseinander, wie man den Hasen in die Fallnetze treiben soll, und falls er an den Netzen vorbeiläuft, wie man ihn verfolgen und auf der Spur suchen soll, bis man den von der Anstrengung ermatteten fängt. Daß aber, wer gute Hunde hat, weder der Netze noch des Nachspürens auf der Fährte des Durchgegangenen bedarf, darüber hat er sich nirgends ausgesprochen, sondern einfach nur die Jagd beschrieben, wie sie die Karer und Kreter betreiben.

3. Kapitel.

Alle Kelten, welche nicht von der Jagd leben, sondern dieselbe um ihrer Annehmlichkeit willen treiben, jagen auch ohne von Netzen Gebrauch zu machen. Es ist nämlich auch dort eine Rasse von Hunden[92] zum Spüren nicht minder geschickt, als die Karischen und Kretischen; aber dem Ansehen nach mürrisch und bösartig. Auch diese spüren mit Gelärm und Gebell, wie die Karischen dabei laut ausgeben; nur werden sie noch weit toller, sobald sie die Spur angefallen haben.

---

[92] Hier ist offenbar von zweierlei Hunderassen die Rede, nämlich von Spürhunden und Hetzhunden; jene nicht besser, fast schlechter, diese dagegen weit vorzüglicher, als die Karischen und Kretischen.

Und zuweilen gebärden sie sich auch bei übernächtigen (Fährten) ausnehmend munter, so daß ich wenigstens ihr vieles Lautgeben bei jeder Spur, der Laufspur ebenso wie der Lagerspur, zu tadeln pflege. Im Verfolgen und Auffinden des flüchtiggewordenen sind sie nicht schlechter, als die Karischen oder Kretischen, abgesehen von der Schnelligkeit. Man muß daher zufrieden sein, wenn sie zur Winterszeit auch nur einen Hasen würgen: so viel Frist zum Ausruhen geben sie ihm, wenn er nämlich nicht, durch die lärmenden Hunde außer sich gebracht, eingeholt wird. Man nennt diese Hunde Hegusische[93], mit einem von einem keltischen Volksstamm entlehnten Namen, wo sie, wie mich wenigstens dünkt, ursprünglich geboren und berühmt geworden sind. Indes, wie ausführlich man auch über dieselben sprechen mag, so wird man doch nur sagen, was schon von dem älteren Xenophon gesagt worden ist: denn in Beziehung aufs Ausspüren und Verfolgen zeigen sie weder etwas Besonderes, noch etwas Abweichendes; man müßte denn nur über ihr Aussehen etwas bemerken wollen: was aber meines Bedünkens nicht der Mühe wert ist, wenn man nicht eben das allein sagen will, daß sie struppig und häßlich anzusehen sind: und gerade die reinsten sind die häßlichsten, so daß bei den Kelten am meisten Beifall findet, wer sie mit Straßenbettlern vergleicht; denn auch ihre Stimme ist kläglich und jämmerlich, und

---

[93] Hegusier = Segusier, oder Segusianer waren eine der bedeutenderen Völkerschaften im Lugdunensischen Gallien, dem ehemaligen Lyonnais.

beim Spüren ihr Verbellen des Wildes nicht wie zürnend, sondern wie wehklagend und bettelnd. Über dieselben läßt sich denn meines Erachtens nichts der Rede Wertes sagen.

Die flüchtigen keltischen Hunde werden auf keltisch Vertragen genannt, nicht nach einem Volksstamm, wie die Kretischen oder Karischen oder Lakonischen, sondern wie unter den Kretischen die Ausdaurer[94] von ihrer Arbeitslust und die Draufgänger von ihrer Hitze und die Blendlinge[95] von beidem, so auch diese von ihrer Schnelligkeit. Das Aussehen der reinsten von ihnen hat etwas Gefälliges sowohl in den Augen, als dem ganzen Körper und auch in Haar und Farbe. So steht den Gescheckten das Scheckige schön an, und bei den einfarbigen glänzt auch die eine Farbe; es ist ein gar herrlicher Anblick für den Jagdliebhaber.

4. Kapitel.

Auch ich will einige Kennzeichen angeben, nach welchen man die flüchtigen und dabei reinen Hunde

---

[94] Jul. Pollux sagt: „Von den Kretischen Hunden werden einige Ausdaurer andere Nebenrößler genannt, und zwar Ausdaurer diejenigen, von welchen man erzählt, daß sie auch die Nächte zu den Tagen bei ihren Kämpfen mit den Tieren hinzunehmen und häufig neben den Tieren sich lagern, um den Kampf mit dem Tage zu beginnen; die Nebenrößler aber laufen mit den Pferden, ohne vorzugehen oder zurückzubleiben."
[95] Das will wohl sagen: die Blendlinge, oder Mischlinge haben diesen ihren Namen von beidem, von der Ausdauer und von der Hitze.

zu beurteilen, und hinwiederum auf welche man wohl zu achten hat, um die unreinen und dabei schwerfälligen unter ihnen herauszufinden.

Fürs erste nun seien sie langgestreckt vom Kopf nach der Rute hin: denn wenn man nach dem ganzen Aussehen eines Hundes wählt, so findet sich kein einziges so sicheres Kennzeichen der Flüchtigkeit und der Reinheit, als die Länge, wie umgekehrt für die Schwerfälligkeit und Unreinheit die Kürze. So habe ich wenigstens schon mit allerhand anderen Fehlern behaftete Hunde gesehen, die aber, eben weil sie lang gestreckt waren, flüchtig und voll Feuer gewesen sind. Überhaupt sind bei sonst gleichen Eigenschaften die größeren nach Verhältnis ihrer Größe besser geartet, als die kleinen. Schlecht sind unter den großen alle, deren Gliederbau nicht derb und schlecht proportioniert ist, so daß auf solche Art gebaute schlechter sind, als kleine, falls die sonstigen Fehler bei ihnen gleich sind. Der Kopf sei schmal und muskulös. Ob sie habichts- oder stumpfnasig sind, wird keinen großen Unterschied ausmachen, auch ob sie sehnig unterhalb der Stirn sind, ist gleichfalls nicht hoch anzuschlagen. Nur schlecht aber sind die dickköpfigen und alle mit breiter, nicht spitzig, sondern platt auslaufender Schnauze. So viel von den guten Köpfen! Die Augen seien groß, vorstehend, rein, glänzend, den Anschauenden schreckend, und am besten sind die feurigen und ausnehmend strahlenden, wie bei Leoparden oder Löwen oder Luchsen; nach diesen in zweiter Reihe kommen die schwarzen, wenn sie dabei weit offen und zugleich nicht ohne Grauen anzusehen sind; in dritter Reihe die blauen: denn die blauäugigen sind weder an sich schlecht, noch ein Anzeichen schlechter Hunde, sofern sie gleichfalls rein und nicht ohne Grauen anzuschauen sind.

5. Kapitel.

Habe ja doch ich selbst einen blauäugigen Hund, der so blauäugig als nur immer möglich war, aufgezogen; und der war nicht nur flüchtig, sondern auch ausdauernd, voll Feuer und gut auf den Füßen, daß er sogar einmal in seinen besten Jahren mit vier Hasen auf einmal fertig wurde. Auch ist er im übrigen höchst gutmütig. Ich besitze ihn nämlich noch jetzt, während ich dies schreibe. Auch sehr leutselig ist er, und nie hat vor diesem ein anderer Hund sich so anhänglich gezeigt wie an mich selbst, so auch an meinen Freund und Jagdgenossen Megillus: denn wenn er vom Lauf ausruht, so geht er nimmer von uns oder von einem von uns weg. Und wenn ich zu Hause bin, bleibt er mir beständig zur Seite; gehe ich irgendwohin aus, so begleitet er mich; begebe ich mich in die Turnhalle, so läuft er mir nach, und während ich turne, sitzt er daneben: kehre ich wieder um, so geht er voran, häufig sich umwendend, wie um sich zu vergewissern, daß er nicht etwa vom Weg abkomme. Sobald er es gesehen und freundliche Miene dazu gemacht hat, geht er wiederum vor. Wenn ich aber zu irgendeiner amtlichen Verrichtung gehe, so bleibt er bei meinem Freund und benimmt sich bei ihm ganz ebenso. Ist einer von uns beiden körperlich leidend, so geht er ihm gleichfalls nicht von der Seite. Sieht er einen selbst nach kurzer Zeit wieder, so hüpft er sachte an ihm hinauf, wie um ihn zu liebkosen, und zum Liebkosen gibt er Laut, wie um seine Anhänglichkeit zu bezeugen; und wenn er bei Tisch gegenwärtig ist, zupft er bald mit dem einen, bald mit dem anderen Lauf, um daran zu mahnen, daß ihm ja auch etwas von den Speisen zukommen müsse; auch gibt er so viel Laut, wie ich meines Wissens noch bei keinem anderen Hund gesehen habe, und so oft er etwas bedarf, deutet er es mit seiner Stimme an. Und weil er in seiner Jugend mit einer Peitsche gezüchtigt wurde, so darf man auch jetzt nur das Wort Peitsche in den Mund nehmen, und er wird sich zu dem, der es ausgesprochen hat, hinmachen, und, sich duckend, ihn flehentlich ansehen und seine Schnauze wie zum Kuß ihm an den Mund legen, und aufspringend sich an den Hals hängen und nicht eher wieder ablassen, als bis der Zürnende aufhört zu drohen. Ich glaube daher auch keinen Anstand nehmen und den Namen des Hundes herschreiben zu dürfen, damit auch für künftige Zeiten das Andenken an ihn verbleibe, daß nämlich Xenophon, der Athener, einen Hund hatte, namens Horme (d.i. Stürmer), das flüchtigste, gescheiteste und frommste Tier. – Die Ohren (der Behang) seien bei den Hunden lang und schlaff, so daß sie der Länge und Schlaffheit halber umgebogen erscheinen. So sind sie wohl am besten; jedoch auch wenn sie geradeherabhängend erscheinen, ist es nicht übel, sofern sie nur nicht kurz und steif sind. – Der Hals sei nicht nur lang, sondern auch rund und geschmeidig, so daß derselbe, wenn man den Hund am Halsbande rückwärts zieht, vermöge seiner Geschmeidigkeit und Weichheit sich umzubiegen scheint. – Die Brust ist besser breit, als schmal. Die Schulterblätter seien voneinander abstehend und nicht verbunden, sondern möglichst lose nebeneinander; die Läufe rund, gerade, gedrungen; die Seiten gut gebaut; die Lenden breit, kräftig, nicht fleischig, sondern sehnig-fest; die Wammen lose; die Hüften nicht zusammenstoßend; die Flanken schlaff; die Rute dünn und lang, dicht behaart, geschmeidig, gekrümmt, die Spitze derselben buschig; die Unterschenkel lang und gedrungen. Wenn die Hinterläufe länger sind als die vorderen, so werden sie bergauf besser laufen: wenn umgekehrt die Vorderläufe länger, als die hinteren, besser bergab; und wenn beide gleich lang, besser auf ebenem Boden. Da es nun schwerer ist, bergauf nicht hinter einem Hasen zurückzubleiben, weil auch der Hase besser bergauf läuft, so scheinen die Hunde vorzüglicher zu sein, welche längere Hinter- als Vorderläufe haben; übrigens sind runde und feste Läufe die besten.

6. Kapitel.

Die Farbe mag sein, welche sie will; das macht keinen Unterschied, auch nicht, wenn sie durchaus schwarz oder rot oder weiß ist; und auch die Einfarbigkeit braucht man nicht als etwas wildartiges zu verdächtigen: nur sei die einmal vorhandene Farbe glänzend und rein. Auch das Fell sei, mögen die Hunde der rauh- oder glatthaarigen Rasse angehören, fein, dicht und weich. Die besten Hunde sind diejenigen, welche, an sich groß und gutgebaut, vermöge ihrer Geschmeidigkeit den Hündinnen gleichen; die (besten) Hündinnen dagegen diejenigen, welche vermöge ihres rassigen und muskulösen Körperbaues den Hunden (gleichen). Was nun den Körper betrifft, so wird meines Bedünkens, wer näher zusieht, für die Reinheit der Rasse ganz dieselben zureichenden Kennzeichen hervorheben, sowie umgekehrt fürs Gegenteil die gegenteiligen.

7. Kapitel.

Indes wird auch die Gemütsart der Hunde dem aufmerksamen Beobachter nach beiden Seiten Kennzeichen an die Hand geben. Z. B. sind die gegen jedermann mürrischen Hunde nicht edler Art; ist es jedoch der Fall, daß man welche findet, die gegen Unbekannte schwierig, gegen den Brotherren aber freundlich sind, so ist das eher gut als schlimm. Ich habe sogar einen Hund gekannt, welcher zu Hause traurig war, und gegen niemand, der sich ihm näherte, eine Freude bezeigte; aber sobald er auf die Jagd mitgenommen wurde, ausnehmend munter war, und, indem er jeden Nahekommenden anschmunzelte und liebkoste, zu erkennen gab, daß ihn das Zuhausebleiben verdrießlich mache. Auch das ist gut. Die besten aber sind diejenigen, welche ganz leutselig sind und denen keines Menschen Gesicht etwas Fremdes ist. Alle diejenigen dagegen, welche Menschen fürchten, bei Geräusch erschrecken, viel Lärmen machen und häufig ohne Grund unruhig werden, sind gleichfalls unbesonnenes und tolles Zeug: wie furchtsame Menschen auch gleich den Kopf verlieren, so können auch solche Hunde nimmermehr edler Art sein. Schlecht aber sind alle, welche im Feld, von der Leine gelöst, nicht auf den Ruf des Führers zurückkommen, sondern hin- und herrennen, und wenn man sie freundlich abruft, nicht darauf achten; wenn unter Drohen, angstvoll nicht herbeikommen. Vielmehr muß der Hund, der hin- und herrennt und herumschwärmt, zu seinem Führer zurückkommen, wenn er ihn auch nicht abruft, zum Zeichen, daß er imstande sei, zu gehorchen, sobald er nur wolle. Wenn er aber noch nicht angenommen wird, so soll er aufs neue wieder hin- und herrennen und aufs neue wieder zurückkommen. Gut gearbeitet sind diejenigen, welche, sobald der Führer einen Ton von sich gibt, sich niederlegen[96], nicht aus Furcht, sondern um dem Brotherrn ihre Anhänglichkeit zu bezeigen und ihn zu ehren, gerade wie die, welche vor dem Großkönig[97]

---

[96] D. h. In der Jägersprache „tout beau machen", d. h. eine solche Lage annehmen, daß der Kopf auf den vorgestreckten Vorderläufen ruht, die Hinterläufe untergezogen sind, und der ganze Körper auf der Brust und dem Bauch liegt.

[97] Unter den Griechen ist unter dem Großkönig, der König der Perser zu verstehen.

sich niederwerfen. Auch das Stehenbleiben auf dem Feld ist bei dem gelösten Hunde nicht gut, wenn er nicht eben schon älter ist: denn es zeigt Verdrossenheit an. Die edelsten haben auch stark vortretende Augenbrauen und gewinnen dadurch ein stolzes Aussehen. Auch ihr Gang ist leicht, flink, zierlich; auch werfen sie die Seiten auf und recken den Hals, wie die Pferde, wenn sie sich zeigen wollen.

8. Kapitel.

Einige fressen gierig, andere ruhig; und das ruhige Wesen ist ein Zeichen reinerer Rasse, als das unruhige. Gut sind alle, die keine schlechten Fresser, vielmehr bei Weizen- oder Gerstenbrot vergnügt sind: das ist nämlich für einen Hund das beste Futter; auch ist nicht zu fürchten, daß er sich daran überfresse. Besser ist es, wenn sie bei trockener Fütterung vergnügt sind; indes ist es nicht übel, wenn man dieselben auch mit Wasser anfeuchtet, und sie das gerne haben. Für den kranken Hund muß man entweder fette Fleischbrühe zuschütten, oder eine in heißer Asche geröstete und dann zerriebene Rindsleber wie Mehl einstreuen. Namentlich für die jungen Hunde ist das gut, um ihre Glieder zu stärken, wenn sie keine Milch mehr bekommen. Die Milch aber ist für die jungen die beste Nahrung bis in den neunten Monat und noch länger. Für die kranken sowohl als schwächlichen ist sie gut als Trank, wie als Speise: gut ist übrigens für die kranken auch die Hungerkur.

9. Kapitel.

Nichts ist so gut wie ein weiches und warmes Lager; am besten bei Menschen, weil sie nicht nur dadurch menschenfreundlich werden, sondern auch an der menschlichen Haut ihre Freude haben, und den, der mit ihnen schläft, nicht weniger, als den, der sie füttert, liebgewinnen. Auch was den Hund belästigt, kann man so wahrnehmen, um bei Nacht dem Dürstenden oder von einem natürlichen Bedürfnis Gedrängten beizuspringen. Ebenso kann man wissen, wie er sich ausgeruht hat: denn wenn er schlaflos geblieben sein sollte, ist es nicht sicher, ihn auf die Jagd auszuführen; auch nicht wenn er im Schlaf häufige Ausleerungen gehabt, oder von den Speisen etwas ausgeworfen hätte. Das würde nämlich der Schlafgenosse wahrnehmen. Das schlechteste Lager aber haben Hunde bei Hunden, und das um so mehr, wenn sie auch unter gegenseitiger Berührung lagern. Denn ein mit dem Hund zusammen schlafender Mensch benimmt das Widrige der Haut; aber Hunde, die an einem und demselben Ort liegen, werden durch Annäherung und Erwärmung alles, was die Haut Schlimmes hat, übertragen. Daher sind sie auch in der Regel voller Räude, wenn sie an einem Ort beisammen liegen. Die Ursache offenbart schon die Ausdünstung, wenn man den Ort betritt, wo viele Hunde beisammen liegen: so lästig und durchdringend zugleich ist dieselbe.

10. Kapitel.

Sehr wohltuend für den Hund ist auch das Reiben des ganzen Körpers, gerade wie für das Pferd. Es dient nämlich, die Glieder zu stärken und zu kräftigen. Das Haar macht es weich und die Farbe glänzend, und die Haut reinigt es von allem Unrat. Reiben aber muß man den Rücken und das Kreuz mit der rechten Hand, während man die linke unter die Wammen legt, damit nicht der oben geriebene Hund sich ducke und Schaden nehme; die Seiten dagegen und die Hinterbacken bis zu den Spitzen der Läufe mit beiden Händen zugleich, und die Schulterblätter ebenso. Wenn man gehörig fertig zu sein glaubt, faßt man den Hund an der Rute und hebt ihn auf, streckt ihn und läßt ihn dann laufen. Losgelassen, wird er sich tüchtig schütteln, und es wird klar sein, daß er das Geschehene liebt.

11. Kapitel.

Einen edlen Hund den Tag über anzulegen, ist so gut, als etwas in der Welt. Anderenfalls werden sie am Ende notwendig ungezogen, und wenn sie je einmal des Anbindens bedürfen, so werden sie böse und winseln und zernagen die Riemen, so daß man sie an Eisen legen muß, wie die menschlichen Missetäter. Auch frißt der ledige Hund notwendig alles, was ihm vorkommt, und das Herumlaufen den Tag über bringt sie um die eigentliche Flüchtigkeit. Vielmehr muß man sie zu bestimmten Zeiten spazieren führen, zumeist aber ausruhen lassen.

12. Kapitel.

Ausführen muß man die Hunde zum wenigsten viermal des Tages auf einen ebenen und sauberen Platz. Hier löst man sie teils der natürlichen Bedürfnisse halber, teils zum Herumspringen und Hin- und Herlaufen. Wenn sie auf der Jagd sich verdrossen zeigen sollten, so muß man gerade dies häufig tun und zwei an demselben Platz lösen, damit sie sich wetteifernd und spielend zusammen belustigen, und zusammen sich üben. Indes soll man nicht viele an einem und demselben Platz lösen: denn wenn sie übereinander herfallen, richten sie manchmal großen Schaden an. Auch einen erstarkten und kräftigen Hund sollte man nicht zugleich mit einem jungen loslassen: denn ein solcher gesellt sich nur ungern und widerwillig bei, und es ist ihm ein Leichtes, ihn beim Verfolgen einzuholen, beim Fliehen ihn hinter sich zu lassen, so daß der junge, weil bei beidem den kürzeren ziehend, notwendig mutlos werden muß. Aber auch solche, die feindselig gegeneinander sind, muß man nicht zusammen losbinden, damit sie nicht miteinander raufen. Es gibt nämlich unter den Hunden Feinde und Abholde, wie unter den Menschen, und zwar zumeist Hund gegen Hund und Hündin gegen Hündin, in der Regel aus Eifersucht: und auch gegen diese darf man sich nicht gleichgültig verhalten.

13. Kapitel.

Zur Winterszeit füttere man die Hunde nur einmal kurz vor Abend: der Tag ist ja kurz, und sie müssen eingeübt werden, daß sie, wenn sie weit in den Tag hinein auf der Jagd zu arbeiten haben, den Hunger ertragen können. Sommers aber ist es gut, ihnen auch ein wenig Brot zu fressen zu geben, damit sie nicht wegen der Länge (des Tages) sich aufreiben: denn auch, falls die Durst haben sollten, werden sie, wenn sie dazwischen zu fressen bekommen, ungefährdeter trinken. Wenn man einem Hund auch eingesalzenen Speck beibringt, so ist das gleichfalls gut. Wenn aber die große Hitze ihm zu schaffen macht, so nehme man ein Ei in die Hand, sperre dem Hund das Maul auf und bringe es ihm so bei, daß er es ganz hinunterschlucken muß. Das wird einerseits Nahrung genug für ihn ein, und andrerseits die lechzende Brust kühlen und den Durst stillen.

14. Kapitel.

Auf die Jagd ausführen muß man die Hunde fleißig im Frühjahr und im Spätjahr: denn das sind die gefahrlosesten Zeiten für die Hunde: seltener im Sommer, und in der Regel mit Unterbrechung, wenn es sehr heiß ist: denn die Hitze können die Hunde nicht ertragen. Schon mancher ist bei angestrengter Verfolgung aus Mangel an Atem erstickt. Deshalb muß denn der Jäger Eier mit sich nehmen, um sie dem Hunde, wenn er allzu sehr keucht, ganz beizubringen: denn nichts ist besser, ihnen die Hitze zu kühlen und dem Keuchen abzuhelfen. Indes, wenn er dasselbe bei übermäßigem Keuchen ganz verschluckt, so ist auch das nicht sicher. Deshalb muß man sich hüten, in der Hitze (die Hunde) auszuführen. Auch Winters muß man sie nicht ausführen bei starker Kälte, und am allerwenigsten, wenn der Boden hart gefroren sein sollte: denn es versengen sich die Hunde auf dem Eis, und es kommt vor, daß sie die Krallen verlieren und den unteren Teil der Läufe erfrieren. Sollten sie aber hitziger sein, so könnten sie auf dem Eis bei schonungslosem Lauf auch die Knochen der Läufe zerbrechen. Der Hase dagegen ist leicht und hat behaarte und weiche Läufe, so daß er ungefährdet auf dem Eis laufen kann.

15. Kapitel.

Wer gute Hunde hat, sollte sie weder nahe beim Hasen lösen, noch ihrer mehr als zwei: denn auch wenn der Hase in hohem Grade flüchtig und vielfach vielen Hunden entkommen sein sollte; so wird er doch, aus dem Lager aufgestoßen und auch von den Hunden unter Geschrei hart verfolgt, notwendig erschrocken sein und das Herz ihm klopfen. Auch sind in solcher Lage oft schon ganz wackere Hasen schmählich umgekommen, ohne etwas Nennenswertes getan oder aufgezeigt zu haben. Man muß ihn vielmehr vom Lager aus sich flüchten und wieder zu sich kommen lassen. Er wird, wenn er zufällig ein guter Läufer ist, sogleich die Löffel spitzen und vom Lager aus einen großen Absprung machen: einige machen auch einen Satz, wie die Tänzer, und nehmen dann den Lauf geradeaus. Und da ist es fürwahr ein Schauspiel, das alle die Mühen lohnt, mit welchen man mit den Hunden arbeiten muß.

16. Kapitel.

Die tüchtigsten Hasen sind diejenigen, welche ihr Lager an ganz frei und offen daliegenden Orten haben: denn aus Keckheit verbergen sie sich nicht, sondern fordern vielmehr, wie mir dünkt, die Hunde heraus. Diese sind es, welche, wenn sie verfolgt werden, nicht den Schluchten und Gehölzen zufliehen, selbst wenn diese zufällig ganz nahe sein sollten, so daß sie sich leicht der Gefahr entziehen könnten; sondern sich mit Fleiß ins offene Feld werfen, um mit den Hunden zu wetteifern; und wenn schwerfällige Hunde hinter ihnen her sind, so laufen sie in demselben Verhältnis, wie sie verfolgt werden; wenn aber flüchtige, aus aller Macht. Oft jedoch, wenn sie sich bereits ins offene Feld gewendet haben, aber einen guten Hund hinter sich her merken, so daß sie von ihm beschattet werden, machen sie diesen durch häufige Absprünge irre und wenden sich sofort den Schluchten zu, oder wo sie sonst ein Versteck wissen. Und das ist als ein Beweis zu achten, daß der Hund dem Hasen überlegen ist. Die echten Jäger führen nämlich die Hunde auf die

Jagd nicht zum Fang des Wildes, sondern zum Kampf und Wetteifer im Lauf, und sind zufrieden, wenn der Hase das Versteck glücklich erreicht. Und wenn sie den zuweilen in dünnes Dorngebüsch sich Flüchtenden auch angstvoll und ermattet sehen, so rufen sie die Hunde ab, zumal wenn er den Kampf gut überstanden hat. Ich wenigstens habe daher schon manchmal, dem Jagen zu Pferde folgend, den Gefangenen, wenn ich ihn noch lebend traf, freigemacht, habe den Hund weggerissen und festgehalten, und den Hasen frei entfliehen lassen; und wenn ich zu spät auf den Platz kam, um ihn zu retten, so habe ich mich vor den Kopf geschlagen, daß die Hunde einen so tüchtigen Wettläufer gewürgt haben. Auch stimme ich deshalb allein nicht mit meinem Namensbruder überein, sondern gebe nur zu, daß jeder, der das Tierchen aufspüren und verfolgen und fortrennen sieht, alles, was er sonst lieb hat, darüber vergessen kann: aber ich behaupte, es fangen sehen ist weder ein anmutiges, noch ein grausiges Schauspiel, sondern eher ein widerliches, und kein Mensch dürfte darüber wenigstens alles, was er sonst lieb hat, vergessen. Indes ist es freilich jenem Xenophon, der keine flüchtigen Hunde gekannt hat, zu verzeihen, wenn ihm auch der gefangene Hase als ein bedeutendes Schauspiel erschien. Was ich weiß, ist, daß, wer dem Jagen folgt, ganz notwendig auch ohne Zuspruch zum Mitleid angeregt wird, so daß selbst ein Stummer nicht minder in einen

Laut ausbrechen könnte, als nach der Sage der Sohn des Krösus.[98]

17. Kapitel.

Auch dem Hunde zuzusprechen, hat sein Gutes: denn sie freuen sich, wenn sie die Stimme ihres Herrn erkennen und finden Trost für ihre Arbeiten in dem Bewußtsein, daß sie einen Zuschauer haben und bei einem wackeren Kampf nicht ungesehen bleiben. Und so habe ich nichts dagegen, wenn man ihm beim ersten Lauf, so oft es freundlich geschieht, zuspricht; aber daß man ihn beim zweiten und dritten Lauf, wo der Hund natürlich abgearbeitet ist, häufig bei Namen anruft, dagegen glaube ich sein zu müssen, damit er nicht etwa in seiner Hitze und Willigkeit, um dem Herrn zu gefallen, sich sofort über Vermögen anstrenge und so einen der inneren Teile zerreiße. Auf diese Weise sind schon viele Hunde und gerade die edelsten zugrunde gegangen. Vielmehr muß man sie alsdann zum Wettkampf frei laufen lassen, wie sie wollen, denn der Kampf ist auch mitnichten für Hasen und Hund ein gleicher: jener läuft, wohin er will; dieser jagt ihm nach; jener sucht das Weite, indem er Absprünge

---

[98] Bezieht sich auf die von Herodot erzählte Geschichte, nach welcher der stumme Sohn des Krösus, als er bei der Erstürmung von Sardes durch die Perser unter Kyrus einen Mann mit gezücktem Schwert auf seinen Vater zukommen sah, vor Schreck und Jammer in einen Laut ausbrach und sprach „Mann, töte den Krösus nicht!"

macht und den Hund hin und her sprengt; dieser, so hin und her gesprengt, geht irre und muß notwendig dem weiter Vorausgekommenen wiederum nacheilen und wieder hereinbringen, um was er von der Fährte sich hat abbringen lassen. Auch die ungünstigen Örtlichkeiten kommen mehr dem Hasen, als dem Hund zugute, wie z. B. rauher, steiniger, ansteigender und unebener Boden, da der Hase nicht nur leicht ist, sondern auch seine Läufe, weil behaart, in rauhen Strichen nicht verletzt, und er, weil ums Leben laufend, für die Unannehmlichkeiten so gut wie unempfindlich wird.

18. Kapitel.

Wenn der Hund nun (den Hasen) hat, oder sonst im Lauf Meister geworden ist, so muß man vom Pferd steigen und ihn unter Lobsprüchen streicheln und freundlich über den Kopf streichen und an den Ohren zupfen und ihm mit Namen zurufen: „Gut so, Kirra!" – „Gut so, Bonna!" – „So recht, Horme!" und sonst jeden bei dem Namen, den er hat, ansprechen: denn sie haben Freude am Lob, gerade wie unter den Menschen die edeldenkenden. Der Hund aber, wenn er nicht gerade abgemattet ist, kommt freundlich und liebreich herbei. Gut ist es, wenn sich der Hund auf dies auch wälzt, wie wir es bei den Pferden sehen: denn es zeigt sich damit, daß er nicht vom Lauf ermüdet ist, und zugleich benimmt es ihm die Ermattung.

19. Kapitel.

Die Jagd betreiben alle Kelten[99], die reich sind und ein vornehmes Leben führen, so, daß sie frühmorgens an die verdächtigen Plätze Leute aussenden, welche auskundschaften sollen, wo etwa ein Hase lagert. Auch haben sie jemand, der meldet, wenn einer gesehen worden ist, oder wie viele es sind. Sodann, selbst auf dem Platz angekommen, lösen sie die Hunde, stoßen das Tier auf und setzen zu Pferd nach.

20. Kapitel.

Alle aber, die keine Kundschafter haben, ziehen zum Teil in Gesellschaft mehrerer Jagdgenossen zu Pferd aus, und wenn sie an die verdächtigen Plätze gekommen sind, lösen sie die Hunde, wo gerade ein Hase aufgestoßen wird; und diejenigen, welche das Jagen noch mehr auf eigene Faust treiben, ziehen zu Fuß aus. Ein einziger folgt ihnen zu Pferd, und auch dessen Aufgabe ist es, mit den Hunden zugleich nachzusetzen. Sie suchen die Gegend ab, indem sie sich in eine Linie stellen und dann geradeaus vorgehen, so gleichförmig, als sie durchkommen können; wiederum sich schwenkend, gehen sie zugleich in Hackenstellung neben und auf derselben Strecke zurück, indem sie nach Kräften keinen der verdächtigen Punkte übergehen. Es dürfen

---

[99] Was Arrian unter Kelten versteht, erhellt am besten aus dessen Anabasis, wo er die am linken Donauufer hausenden Volksstämme zu den keltischen zählt.

aber die Hunde, wenn sie deren mehrere mit sich führen, nicht auf Geratewohl in der Reihe mitgehen: denn wenn ein Hase aus einem Lager aufgestoßen würde, so möchte nicht leicht einer sich enthalten, seinen Hund zu lösen, der eine vor Begierde, seinen eigenen Hund laufen zu sehen; ein anderer durch das Geschrei erschreckt und außer sich gebracht; gefangen würde dabei der Hase ohne Kampf infolge des Lärmens der Hunde, und vom Schauspiel würde gerade das verloren gehen, was das Genußreiche daran ist. Vielmehr muß ein Leiter der Jagd aufgestellt werden, und dieser paare die Hunde ab, und gebe die Weisung: „Wenn er hier aufsteht, hast du und du zu lösen; kein anderer aber löse; und wenn dort, hingegen du und du." Die Leute aber müssen die Weisung beachten.

21. Kapitel.

Es jagen die Kelten auch so, daß sie den Spürhunden Hatzhunde beimischen, und während die einen das Feld absuchen, stellen sie sich, die guten Hunde an der Hand führend, in Zwischenräumen da auf, wo der Hase am wahrscheinlichsten seinen Lauf hinnehmen wird, so daß sie die Hunde im rechten Augenblick loslassen können. Und es sind diese Hunde für sich, was jenem Xenophon die Netze. Jedoch haben diese Hetzjagden etwas Ungeordnetes, und der Hase wird, wenn er auch zufällig ein ganz tüchtiges Tier sein sollte, in der Regel durch das Gebell der Hunde betäubt, und falls er nicht gerade lang vorher aufgestanden ist, so daß er seine Besonnenheit behält, wird er, außer sich gebracht, unschwer gefangen. Wer daher in der Lage ist, einen Hund zu lösen, der soll ihn nicht auf den noch Eingeschüchterten lösen, sondern muß denselben seine ersten Absprünge machen lassen und dann erst den Hund nachhetzen, wenn er nicht das Schauspiel verderben will.

22. Kapitel.

Gegen ein frischgesetztes Tierchen (die Hunde) zu lösen, ist eine Sünde: vielmehr muß man solche, der Vorschrift meines Namensbruders folgend, der Göttin zu Ehren laufen lassen, so daß man auch die auf ihre Spur Geratenen, wo möglich, abzurufen suchen muß. Die sind freilich schwer abzurufen und ungehorsam vor Hunger, wohl aber imstande, den Gefangenen sogar mit Haut und Haar aufzufressen, so daß man sie kaum, mit einem Prügel dreinschlagend, abtreiben kann.

23. Kapitel.

Auf Hirsche oder sonstiges Wild von verhältnismäßig gleicher Stärke muß man in der Weise jagen, daß man sie mit Hunden echter Rasse behetzt. Denn das Tier ist stark und läuft weit, und mit ihm zu kämpfen ist nicht ganz sicher, auch ist die Gefahr nicht klein, einen guten Hund eines Hirsches halber zugrunde zu richten. Die Hirschkühe indes verfolgen sie da, wo im offenen Feld gut zu reiten ist, in Mysien[100], bei den Geten[101] und Skythen[102] und durch Illyrien[103] hin auf skythischen und illyrischen Pferden. Denn diese sind zwar anfangs zum raschen Lauf nicht gut; aber wenn man sie auch beim Rennen neben einem thessalischen oder sizilianischen oder peloponnesischen Pferde ganz gering schätzen möchte, so sind sie bei großer Anstrengung ungemein ausdauernd. Und dann würde man jenes rasche, große und flüchtige Pferd den Dienst versagen, das schmächtige und schäbige[104] dagegen erst an ihm vorbeirennen, dann es hinter sich lassen und zuletzt das Wild vor sich her treiben sehen.

---

[100] Mysien ist wohl hier nicht die unter diesem Namen bekannte Provinz im N. W. Kleinasiens, sondern vielmehr das Europäische Mysien, Moesia der Römer, im nördlichen, von der Donau begrenzten Teil von Thrakien, das heutige Serbien und Bulgarien.

[101] Geten, bei den Römern Daci, ein Thrakisches Volk zwischen der Theiß, den Karpaten, dem Pruth und der Donau, also Ungarn östlich der Theiß, Siebenbürgen, Bukowina, Moldau westlich vom Pruth und Walachei.

[102] Skythen sind auch hier wohl zunächst der europäische und zu Arrians Zeit mehr unter dem Namen Sarmaten bekannte Teil der unter dem Sammelnamen der Skythen begriffenen Volksstämme im Norden der Erde, hauptsächlich etwa im nordöstlichen Galizien und dem Süden des europäischen Rußlands.

[103] Illyrien, gleichfalls früher bei Griechen und Römern ein Sammelname für sämtliche Süddonauländer von Rhätien bis Mösien; später jedoch beschränkt auf das Küstenland von Istrien bis an den Drilon, und landeinwärts vom Arsia bis in die Nähe des Savus und bis an den Drenus, also Stück von Kroatien, ganz Dalmatien, fast ganz Bosnien und Teil von Albanien.

[104] Man wird hier unwillkürlich an die unansehlichen, aber ungemein ausdauernden Kosakenpferde erinnert.

Es hält dabei so lange aus, bis das Tier ermüdet ist; abgemattet aber und vor Verlegenheit lechzend, steht dieses still, und jetzt hat man Gelegenheit, wenn man will, es ganz aus der Nähe, als wäre es gefesselt, mit dem Wurfspieß zu erlegen, oder aber, wenn man es vorzieht, ihm eine Schlinge umzuwerfen und es lebendig abzuführen.

24. Kapitel.

In Libyen[105] aber fangen sie auf ihren libyschen Pferden, welche, wie die Männer selbst, Nomaden genannt werden, nicht bloß Hirsche oder Gazellen – denn das kostet keinen großen Kampf, und Pferde, die etwas der Art fangen, werden nicht hoch angeschlagen –, sondern sogar wilde Esel, die sich bekanntlich durch Schnelligkeit und durch ihre ungemeine Ausdauer im Lauf auszeichnen. Xenophon erzählt[106]: Als die

---

[105] Libyen, bekanntlich bei den Griechen, was bei den Römern Africa, und hier wohl, wegen der Nomaden, d. i. Numidier im heutigen Algier, in dieser allgemeinen Bedeutung zu nehmen, während allerdings die Römer unter Libyen im engeren Sinne nur die nördliche Küste zwischen Ägypten und den Syrten verstanden – Berühmt sind noch heute die afrikanischen Pferde, wohl die ältesten, welche die Geschichte von Ägypten aus kennt, namentlich das Berberroß und das Nubische oder Dongola-Pferd.

[106] Gemeint ist der Kriegszug des jüngeren Kyrus, Sohns von Darius Ochus, gegen seinen Bruder Artaxerxes II., Mnemon, welcher durch die Schlacht bei Kunaxa im J. 401 v. Chr. ein schnelles Ende fand, und zur Folge den berühmten Rückzug der Zehntausend hatte, den Xenophon bekanntlich ebenso meisterhaft geleitet, als beschrieben hat.

Griechen, welchen auch Xenophon sich angeschlossen hatte, mit Kyrus, dem Sohn des Darius, gegen den Großkönig zogen, haben sich beim Durchmarsch durch die Ebene der Araber[107] Herden wilder Esel gezeigt und von einem einzelnen der Reiter sei niemals ein solcher gefangen worden. Diese stellen sich aber in Zwischenräumen auf und setzen sich nacheinander in Bewegung: jene dagegen halten es zwar gegen viele aus, erliegen aber am Ende vor Ermattung. So hatte also selbst Kyrus, nicht nur Sohn, sondern auch Bruder eines Großkönigs, keine zu ihrer Verfolgung tauglichen Pferde. Bei den Libyern dagegen reiten Knaben, zum Teil achtjährig, zum Teil nicht viel darüber, auf den bloßen Pferden, statt des Zaums der Griechen nur einer Gerte sich bedienend, und jagen nun den wilden Eseln so lange nach, bis sie endlich dem Tier eine Schlinge überwerfen und es abführen: dieses aber folgt ganz unterwürfig.

Also jagen denn die, welche gute Hunde und Pferde haben, nicht mit Fallen, noch Garnen, noch Schlingen, noch überhaupt mit Schlichen und Listen die Tiere betrügend, sondern durch Schnelligkeit sie niederkämpfend. Auch sind das meines Bedünkens Schauspiele, die nichts mit jenen gemein haben: vielmehr gleichen die einen der Räuberei und dem Diebstahl, die anderen einem mit aller Macht durchgeführten Krieg; die einen überfallen das Wild wie heimlich heransegelnde Seeräuber, die anderen besie-

---

[107] Arabien nannte Xenophon den südlichen Teil Mesopotamiens.

gen, wie die Athener in offener Seeschlacht die Meder bei Artemisium oder bei Salamis[108] und bei Psyttalia[109] oder wieder bei Cyprus[110] besiegt haben, in gleicher Weise das Wild auch in offenem Kampf.

25. Kapitel.

Der Hund muß zum Laufen ein Alter haben. Eine Hündin mag man mit dem elften Monat auf die Jagd mitnehmen; schon vorher jedoch, vom zehnten Monat an, wenn sie stark gebaut und nicht zart gegliedert ist, einen Hasen auf einem ganz freien Feld laufen lassen und sie aus naher Entfernung auf denselben hetzen, so

---

[108] Bekannt sind aus dem ersten Persischen Kriege die glücklichen Schlachten der griechischen Flotte zuerst bei Artemisium, an der Nordküste Euböas, wo zwar der Kampf keine Entscheidung brachte, aber schon das Abweisen der übermächtigen Flotte des Xerxes ein wichtiger Sieg war, und dann bei Salamis an der Küste von Attika, wo der glänzende Sieg zur See selbst den Rückzug des Persischen Landheeres zur Folge hatte (479 v. Chr.).

[109] Psyttalia, die kleine Felseninsel an der Attischen Küste zwischen Salamis und Piräus, berühmt durch das Blutbad, welches die Griechen unter Aristides während der Schlacht bei Salamis unter den hier aufgestellten Persern anrichteten.

[110] Seesiege der Athener über Persische Flotten bei Cyprus kennen wir zwei, beide unter Cimon, Miltiades' Sohn, erfochten: der erste im Jahr 469, wo nach dem Hauptsieg an der Mündung des Eurymedon auch die erst jetzt heransegelnde Hilfsflotte der Phönizier bei Cyprus überfallen und gänzlich zerstreut wurde; der zweite im Jahr 449, wo die Athener, während Cimon Citium belagerte, durch Hungersnot zum Rückzug genötigt, der feindlichen Flotte auf der Höhe von Salamis in Zypern begegneten, und dieselbe, wie gleich darauf auch das Landheer, gänzlich besiegten.

daß sie ihn voll in Sicht hat und, weil sie ihn nahe erblickt, mit guter Hoffnung an die Arbeit geht. Man muß aber später einen anderen erfahrenen Hund darauf hetzen, damit das junge Tier nicht Schaden nehme oder aus Ermattung seine Dienste versage: dieser wird nämlich rasch und leicht (die Spuren) herausfinden und den Hasen dem Jungen überliefern. Hat dieser aber ihn gefangen, so lasse man ihn denselben mit den Zähnen anschneiden, bis er ihn gewürgt hat. Wenn der Hund das Alter hat, um mit hinausgenommen zu werden, so begehe er zunächst lauter rauhe Wege: denn das ist eine gute Übung, um den Hunden feste Läufe zu verschaffen. Sodann stelle sich der Führer mit ihnen auf einem ganz offenen und etwas erhöhten Feld auf, und lasse gegen einen Hasen, der voraus ist und einen Vorsprung hat, keinen los, welcher denselben nicht sieht: dies rät nämlich jener Xenophon in Beziehung auf Hunde, welche zum Spüren eingeübt werden. Löst man aber einen flüchtigen Hund, ohne daß er das Wild sieht, so rennt er umher, macht Sprünge, kommt ganz außer sich und streicht hin und her. Ja, auch wenn dem bereits erwachsenen Hund je der Hase entkommt, so verhält er sich nicht ruhig, kommt nicht zu seinem Führer zurück und gehorcht dem Abrufenden nicht, sondern rennt aus lauter Lust am Laufen ohne Ziel blindlings umher und gebärdet sich wie toll. Vielmehr mache der Führer des jungen Hundes auf einem Feld, wie ich es bereits beschrieben habe, in gedeckter Stellung da Halt, wo höchstwahrscheinlich der abgetriebene Hase auf seinem Widergang hinkommen wird. Sieht er ihn nun recht abgetrieben, so lasse er (den Hund) aus naher Entfernung gegen ihn los, weder auf den Kopf, noch ihm entgegen: denn gehetzt wird der Hund geradeaus rennen; der Hase aber einen Absprung machen und mit leichter Mühe an ihm vorbeikommen: er dagegen wird notwendig weit zurückbleiben, und nur schwer umwenden, wie geradeaus segelnde Kriegsschiffe nicht leicht die Wendung machen, wenn nicht schon vor dem Umdrehen das meiste am Ruderwerk versetzt worden ist. Man muß vielmehr den Hasen vorüberstreichen lassen und ihn von der Seite aus bejagen. Ist er gefangen, so laufe man rasch nach, bevor die Hunde naß vom Schweiß sind, nicht als ob das Wildbret in den Augen eines bloßen Jagdliebhabers hoch anzuschlagen wäre; sondern weil es eine schlechte Gewöhnung für einen edlen Hund ist, einen Hasen anzuschneiden[111]; auch sind schon viele Hunde so zugrunde gegangen: nach einem langen Lauf außer Atem, haben sie sich vollgefressen, und sind daran förmlich erstickt.

26. Kapitel.

Einen männlichen Hund aber nehme man nicht vor dem zweiten Jahr mit auf die Jagd: denn die Glieder der Männchen erlangen erst viel später ihre Festigkeit.

---

[111] Wenn Hunde das gefangene Wild zerreißen und wohl teilweise oder ganz auffressen, so nennt man dies: anschneiden. Es ist dies eine Untugend, die den Hunden schwer abzugewöhnen ist.

Und die Gefahr ist nicht klein; ja viele sind schon, ehe sie völlig ausgewachsen waren, weil vor der Zeit in den Kampf geführt, zugrunde gegangen, und das meist gerade die edelsten: denn vor lauter Mut laufen sie, was sie können. Im übrigen muß man sie vor allem ganz so bewahren, wie es bereits bei den Weibchen von mir angeraten worden ist. Bewahren muß man sie in diesem Alter auch vor der Begattung: denn auch der Same ist bei ihnen noch nicht dicht genug, sondern in der Regel dünn und schwach, wie bei den Knaben, und die Tiere selbst werden dadurch gänzlich verdorben, so daß man später nichts mehr tun kann, den Fehler wieder gut zu machen. Vom dritten Jahr an dürfte das passende Alter sein, sie zuzulassen.

27. Kapitel.

Zu lasse man sie in folgender Weise. Man muß die Hündin hüten, wenn die Blutreinigung bei ihr eintritt. Wenn sie vor dieser Zeit den Samen aufgenommen haben, so halten sie ihn in der Regel nicht fest, sondern er wird von dem Schweiß weggespült, wie bei den Weibern. Man muß jedoch wohl darauf acht haben, denn die Zeit ist im ganzen kurz, in welcher der Schweiß nicht mehr läuft, sie aber noch den Begattungstrieb behält. Das rechte Alter für die Hündin ist vom zweiten bis zum siebenten Jahr.

28. Kapitel.

Am besten ist es, den Hund mit der Hündin an einem Ort zusammenzusperren, selbst aber zugleich den Hunden unsichtbar zu bleiben: denn beobachtet stattfindende Begattungen sind unfruchtbar, wenn man jagdkundigen Männern glauben darf: alles aber, was der Art von Hunden heimlich betrieben wird, ist, sagt man, erfolgreich. Hernach jedoch muß man sie auf die Jagd mitnehmen: denn der Spaziergang kommt den Hunden gut zu ihrer Stärkung. Auf einen Hasen darf man sie aber noch nicht hetzen: denn es ist Gefahr, daß sie durch Überanstrengung oder Überspannung Schaden nehmen. Auch den männlichen Hund hetze man ebensowenig auf einen Hasen, bevor er von der Ermattung sich erholt hat und wieder bei Kräften ist, zumindest sechzig Tage lang. Nachher wird nichts im Wege sein, ihn in den Kampf zu lassen.

29. Kapitel.

Die beste Zeit zum Werfen ist das Frühjahr: denn dann sind Kälte sowohl als Hitze vornehmlich gemäßigt. Wie die Kälte dem Gedeihen der Jungen nicht günstig ist, zudem auch Mangel an Milch herrscht; so erschwert die Hitze den Müttern das Geschäft der Ernährung. Das Spätjahr aber ist darum schlimmer als das Frühjahr, weil der Winter die Jungen überfällt, ehe sie erstarkt sind.

30. Kapitel.

Will man auch, daß eine (Hündin), welche geworfen hat, ihre frühere Schnelligkeit wieder erlange; so lasse man sie nur so lange säugen, als nötig ist, sie in der Hauptsache von ihrer Milch zu erleichtern; hierauf nehme man (die Jungen) weg und übergebe sie anderen Hündinnen, indem man dazu edle heraussucht; denn die Milch von entarteten schadet der Reinheit der edlen Rasse. Wenn aber die Hündin zum Lauf nicht mehr geeignet erscheinen sollte; so ist es am besten, (die Jungen) unter der Mutter zu lassen, und sie keiner anderen Hündin unterzulegen: „denn die fremde Pflege ist", wie auch jener Xenophon erklärt, „dem Gedeihen nicht förderlich. Von den Müttern aber tut nicht bloß die Milch, sondern auch der Atem gut."

31. Kapitel.

Wenn die Jungen anfangen herumzulaufen, so rät er ganz richtig, daß man sie mit Milch aufziehen solle, und daß das Überladen mit schweren Speisen ihnen nicht nur die Beine verkrümme, sondern auch in die Körper den Keim zu Krankheiten lege. Daß den Hunden auch kurze und gut rufbare Namen zu geben seien, muß man sich gleichfalls von ihm gesagt sein lassen; und alle die Namen, welche er verzeichnet hat, teils vorgefundene, teils selbstgemachte, sind geschickt gewählt. Will man die Hündinnen noch nicht sich begatten lassen, so muß man sie so sorgfältig als möglich hüten, wenn sie von dem Trieb dazu befallen sind. Hat sich dieser etwas gelegt, so schwellen ihnen die Brüste und füllen sich mit Milch und die Teile unter dem Bauch spannen sich an. Auch ist es während dieser Zeit nicht sicher, eine Hündin auf einen Hasen zu hetzen: denn es zerreißen ihnen die Wammen, so daß man sie nicht einmal zum Springen mit einem anderen Hund lösen darf: denn wetteifernd und über Vermögen sich anstrengend, versetzen sie sich zuweilen in die gleiche Gefahr. Vielmehr ist es das Beste, zu warten, bis die Brüste bei ihnen schlaff werden. Ein Zeichen aber, daß es nunmehr ungefährlich ist, hat man, wenn die Haare beim Streicheln zahlreich ausgehen: denn alsdann sind sie meines Erachtens von dem früheren Trieb los.

32. Kapitel.

Auch schon zum Lauf nebeneinandergestellt, ist die Hündin flüchtiger, als der Hund; der Hund aber ausdauernder, als die Hündin; und weil er das ganze Jahr hindurch läuft, so ist er für manche ein wertvollerer Besitz, sowie auch darum wertvoller, weil es wohl viele gute Hündinnen gibt; einen reinen Hund zu finden, aber nicht leicht ist; und weil man zufrieden sein muß, wenn die Hündinnen bis ins fünfte Jahr ihre Flüchtigkeit behalten, während die Hunde sie sogar bis ins zehnte Jahr behalten. Meines Erachtens ist daher ein Hund von wirklich reiner Rasse ein großer Besitz, der einem Jäger nicht ohne die Gunst irgendeines Gottes zuteil wird; ja der Artemis Agrotera hat man für solches Besitztum Opfer darzubringen. Aber auch, wenn man auf der Jagd glücklich gewesen ist, muß man der Göttin opfern, und die Erstlinge der Jagdbeute darbringen; und dabei, wie es üblich ist, die Hunde und die Jäger nach den heimischen Gebräuchen reinigen.

33. Kapitel.

Bei einigen Kelten ist es der Brauch, der Artemis auch jährlich ein Opfer darzubringen. Sie weihen auch der Göttin einen eigenen Schatz, und legen in denselben für einen gefangenen Hasen zwei Obolen ein; für einen Fuchs aber eine Drachme, weil das hinterlistige Ding auch Schaden unter den Hasen anrichtet: deshalb legen sie für ihn, als für einen gefangenen Feind, mehr ein: für eine Gazelle aber vier Drachmen, weil es Hochwild und die Beute wertvoller ist. Nach Ablauf des Jahres nun, wenn das Geburtsfest der Artemis[112] gekommen ist, wird der Schatz geöffnet, und von dem Ersammelten kaufen sie ein Opfertier, mal ein Schaf, mal eine Ziege, mal ein Rind, wenn es dazu ausreicht. Nachdem das Opfer und der der

---

[112] Das Geburtsfest der Diana bei den Kelten ist in der Feder des Atheners Xenophon jun. offenbar ins Griechische übertragen und mahnt an das zu Athen am 6. Boedromion als Dankfest für den Sieg bei Marathon der Artemis Agrotera dargebrachte Opfer von 500 Ziegen.

Agrotera gebührende Teil der Opfertiere nach dem bei den einzelnen herrschenden Brauch dargebracht ist, schmausen sowohl sie[113] selbst als ihre Hunde. Sie bekränzen auch die Hunde an diesem Tag, damit zu erklären, daß sie um deren willen das Fest feiern.

34. Kapitel.

Auch ich befolge mit meinen Jagdgenossen die Sitte der Kelten, und behaupte, daß nichts, was ohne die Götter geschieht, für Menschen zum Guten ausschlägt. Ja auch alle Schiffsfahrer, denen es um ihre Erhaltung zu tun ist, beginnen (ihr Werk) mit den Göttern, und nach glücklicher Heimkunft opfern sie den Meergottheiten, dem Neptun (oder Poseidon), der Amphitrite[114] und den Nereiden[115], sowie alle Landwirte der Ceres (oder Demeter)[116] nebst ihrer Tochter und dem

---

[113] Opfer, die ganz den Flammen übergeben wurden, sogenannte Holokauste, waren selten: gewöhnlich erhielten die Götter das Fett und dazu von jedem Glied etwas oder auch einzelne Teile besonders, während das übrige zum Schmaus der Menschen verwendet ward, der eigentlich ein wesentlicher Bestandteil der Opfer war.

[114] Amphitrite, bei Homer noch Name für „Meer" überhaupt; nach Hesiod eine Nereide; in der nachhomerischen Sage Gemahlin Neptuns und Göttin des Meeres.

[115] Nereiden, Töchter des Nereus, des weissagerischen Meergeistes, der in den Tiefen des Ägäischen Meeres wohnt.

[116] Demeter, oder Ceres, Tochter des Kronos, oder Saturn und der Rhea, Göttin der fruchttragenden Erde und der Fruchtbarkeit überhaupt, Lehrerin und Schutzgöttin des Ackerbaues; von ihrem Bruder Zeus, oder Jupiter Mutter der Persephone, oder Pro-

Bacchus (oder Dionysius); die Handwerker der Minerva (oder Athene)[117], und dem Vulkan (oder Hephaistos); die Gelehrten den Musen[118] und dem Apollo Musagetes und der Mnemosyne[119] und dem

---

serpina, der ihr vom Hades, oder Pluto geraubten Herrscher in der Schatten, deren Aufsuchen und Wiederfinden, und von da an alljährliches Verschwinden im Winter und Wiedererscheinen bei der Mutter im Frühjahr nicht nur vielfach in der Sagengeschichte behandelt, sondern auch besonders zu Athen in den berühmten Eleusinien durch eine Reihe von heiligen Gebräuchen dargestellt worden ist; daher häufig auch bloß Kore, d. i. Tochter, benannt, und im ganzen Symbol der im Frühling sproßenden Erdvegetation.

[117] Athene, oder Minerva wurde bekanntlich ganz besonders verehrt als die kluge Schirmerin der Staaten, welche die Erfindung und den Fleiß in allen den öffentlichen Wohlstand fördernden Gewerben und Künsten begünstigt, und der daher jede Erfindung, zu welcher nicht Zufall, sondern kluges Sinnen führt, zugeschrieben wird: daher mit ihrem Bruder Hephästus, oder Vulkan, den Gott des Feuers und kunstreichen Schirmer aller Feuerarbeiter, und dann aller Künstler, ja aller Gewerbe und Kultur überhaupt, Vorsteherin jeglicher Kunstfertigkeit und sofort in der späteren Sage Göttin aller Weisheit, Wissenschaft und Kunst.

[118] Die Musen, nach der ältesten Sage Töchter des Uranus und der Gäa (Himmels und der Erde), also Schwestern des Saturn; später Töchter des Zeus und der Mnemosyne, ursprünglich ihrer drei oder vier, später bekanntlich neun, Göttinnen des Gesangs und später überhaupt Vorsteherinnen der Künste und Wissenschaften, Schülerinnen des Apollo, der später in noch engerer Verbindung mit ihnen geradezu Musagetes oder Musenführer genannt ward.

[119] Mnemosyne, in der späteren Sage Mutter der Musen von Zeus, dessen Tochter sie selbst ist. Ihr wird die Erfindung der Rechenkunst, der Sprache und des Auswendiglernens zugeschrieben, und sie als Göttin des Gedächtnisses verehrt.

Merkur (oder Hermes); die Verliebten der Venus oder Aphrodite, dem Amor (oder Eros), der Peitho[120] und den Grazien (oder Charitinnen).[121] So nun sollen auch die Liebhaber des Weidwerkes die Artemis Agrotera nicht vergessen, noch den Apollo, den Pan[122], die Nymphen[123], den Hermes Enodios[124] und Hegemonius und die übrigen Berggötter alle: andernfalls werden notwendig alle ihre Unternehmungen nur halben Erfolg haben: denn die Hunde hinken, die Pferde werden lahm, die Menschen schießen fehl.

---

[120] Peitho, suadela, Suada, Göttin der Überredung, – häufig auch bloß Beiname anderer Gottheiten, z. B. der Aphrodite.

[121] Die Grazien oder Charitinnen, Töchter des Zeus und der Eurynome (die Sage weiß übrigens noch von vielen anderen Müttern, und nennt als Vater auch Helios oder Dionysos), ihrer bekanntlich drei, Euphrosyne, d. i. Festliche Freude, Aglaia, d. i. festlicher Glanz, Thalia, d. i. blühendes Glück; Göttinnen der Anmut, oder eigentlich anmutiger, festlicher Geselligkeit. Und als solche besonders Begleiterinnen der Venus.

[122] Pan, Sohn des Merkur und der Penelope, oder auch des Zeus und der Kallisto, der bocksgestaltige Hirtengott und als solcher Schirmer der zahmen und wilden Herden.

[123] Nymphen, namentlich bei Homer Göttinnen untergeordneten Ranges, Töchter des Zeus, wie unsere Nixen, auf Erden wohnend in Hainen, auf Bergkämmen, an Quellen, in Wiesengründen und Grotten, Begleiterinnen der Diana, Schirmerinnen des Wildes.

[124] Enodios, Schirmherr der Wege, Beiname des Merkur, wie Hegemonios, Wegführer, als welchem ihm namentlich die Athenischen Feldherrn beim Ausmarsch opferten.

35. Kapitel.

Das zeigt auch Homer in seinem Gedicht. Von Teukros, dem besten Bogenschützen unter den Griechen, sagt er[125], daß er beim Wettkampf nur den Faden getroffen und diesen durchschnitten habe, weil er dem Apollo nichts gelobt hatte, während Meriones, nichts weniger als ein Bogenschütze, weil er dem Apollo etwas gelobt, den bereits aufgeflogenen Vogel traf; und von den Nachkommen der mit Polynikes[126] gen Theben Gezogenen, daß sie die Stadt erobert

---

[125] Dies bezieht sich auf Homers Ilias, wo Achilles zur Todesfeier des Patroklus Wettspiele veranstaltet und unter anderem auch einen Bogenschuß. Das Ziel war eine Taube, an dünnem Faden an einen Schiffsmast gebunden; der Preis zehn zweischneidige Äxte und zehn Beile, jenes für den, der die Taube, dieses für den, der bloß den Faden trifft. Teukros oder Teucer, Sohn des Telamon und der Hesione, aus Salamis, Bruder des Ajax, als Bogenschütze berühmt, und Meriones, Sohn des Molos, mit Idomeneus die Kreter gen Troja führend und als einer der tapfersten Helden gerühmt, stellten sich zum Wettkampf, dessen Erfolg war, wie hier erzählt ist.

[126] Polynikes, Sohn des Ödipus und der Jokaste, von seinem Bruder Eteokles gegen ihre Übereinkunft, auf den Thron zu Theben jährlich zu wechseln, nach Jahresfrist vertrieben und gastfreundlich aufgenommen von Adrastus, König von Argos, der zu einer Zurückführung den berühmten Zug der Sieben gegen Theben veranstaltete. Der zuletzt ganz unglückliche Zug fand ein Ende dadurch, daß die beiden Brüder sich gegenseitig töteten. Zehn Jahre später aber beredete Adrastus die Söhne der damals vor Theben gebliebenen Helden, die sogenannten Epigonen, d. i. Nachkommen, zu einem neuen Zug, der glücklich mit Erstürmung und Zerstörung der Stadt endete.

haben, „den Götterzeichen gehorchend und durch die Hilfe Kronions", (d. i. Jupiters), während deren Väter, um nichts schlechter im Kampf, als sie, vor Theben umkamen, weil sie die Götterzeichen nicht beachtet hatten[127]; und von Hektor, daß er, den Rat des Polydamas verachtend[128], welcher ihn nicht gegen die Schiffe der Griechen anrücken lassen wollte wegen der vom Adler herabgeworfenen Schlange, als Zeichen, daß sie „nicht in Ordnung wieder zurückgehen werden", kurz nachher durch die Tat belehrt worden sei, daß es nicht gut ist, dem Wink der Götter ungehorsam zu sein. Durch diese Vorgänge gewarnt, muß man wie bei jedem anderen Werk, so auch bei der Jagd, mit den Göttern anfangen, und nach günstigem Erfolg Dankopfer und Spenden und Gebete und Kränze und Loblieder darbringen und die Erstlinge der Jagdbeute weihen, nicht minder als das Beste der Kriegsbeute nach einem Sieg.

---

[127] Amphiaraus sagte allen Sieben außer Adrastus den Tod vor Theben voraus; ja er zog sogar selbst mit.

[128] In der Ilias ist erzählt, auf was hier angespielt ist. Während die Trojaner unter Hektor vor dem Wall der Griechen stehen, erscheint, links hinstreifend, ein Adler mit einer Schlange in den Klauen, die er endlich, selbst von ihr in die Brust gestochen, in die Trojanerhaufen niederschleudert. Polydamas, des Panthoos und der Phrontis Sohn und Freund des Hektor, erkennt darin ein schlimmes Vorzeichen und rät zum Rückzug: allein Hektor fährt ihn hart an, stürmt und wird zurückgeschlagen.